EL ENIGMA DE LOS CELTAS

Plutón
Ediciones

EL ENIGMA DE LOS CELTAS

MIGUEL G. ARACIL

© Plutón Ediciones X, s. l., 2024

Diseño de cubierta y maquetación: Saul Rojas

Edita: Plutón Ediciones X, s. l.,
          E-mail: contacto@plutonediciones.com
          http://www.plutonediciones.com

Impreso en España / Printed in Spain

I.S.B.N: 978-84-19651-75-4
Depósito Legal: B-148-2024

DEDICATORIA

A todas aquellas personas que, al igual que los antiguos celtas, adoran al árbol, acarician al venado, gozan de las aguas cristalinas que manan de las «Sagradas fuentes» y están en constante comunicación con la divinidad por medio de las criaturas y objetos que los dioses crearon.

A todos los que aman, amamos, a la Madre Naturaleza.

A "Lug", pseudónimo esotérico de alguien que antaño fue un poderoso empresario y buen hombre que intentó ayudar a los demás en un mundo lleno de injusticias y egoísmos, pero que, rodeado de malas gentes perdió el norte y acabó siendo muy distinto a todo aquello que predicó de joven.

Siendo niño, ya me fascinó lo que los maestros nos explicaban sobre los celtas; ya de mayor he podido realizar uno de mis sueños y escribir un libro monográfico sobre esta importante, y en ocasiones desconocida cultura.

MIGUEL G. ARACIL

Prólogo

Recibir el encargo de redactar el prólogo de un libro escrito por Miguel G. Aracil es un reto difícil, ya que el autor es, no ya un escritor prolífico, sino un investigador de campo, que recorre los lugares en donde se sitúa la acción o la temática, y cuyos libros son el resultado de la consulta de copiosa bibliografía.

El celtismo es un tema tan amplio, rico en aspectos globales y puntuales, costumbres, vida social, civilización, historia... etc., dejando de lado los estudios del mundo céltico desde un punto de vista esotérico, religioso, ritual y simbólico, conceptos sobre los que ha profundizado con mayor rigor, conocimiento y experiencia Miguel G. Aracil.

En cualquier caso, la preparación de este prólogo me ha hecho comprender que, salvo que se trate de una novela, y aún intranscendente, cuando se acepta escribir un prólogo, se empieza una ardua labor de documentación, salvo, naturalmente, que se siga la línea de hacer loa de las capacidades del autor.

Entrando ya en el tema de esta obra, voy a tratar de descubrir las causas de la importancia del pueblo celta, tanto históricamente como en las distintas ramas del conocimiento humano.

Para las personas que formaron parte de las famosas y populares civilizaciones griega y romana, todo lo que se hallaba fuera de sus fronteras carecía de otro valor que no fuera el meramente comercial, o proveedor de mano de obra barata. Los pueblos que se encontraban en los límites de los imperios griego y romano eran bárbaros, denominación con la que han llegado hasta nuestros días, en esa historia fabricada por los cronistas oficiales de los reyes y emperadores. No pretendo negar la enorme importancia que han tenido Grecia y Roma en la historia de la humanidad, en el aspecto de las letras, las artes, la filosofía, el conocimiento del hombre y de su entorno. Pero también es cierto que, entre los pueblos de más allá de las fronteras de Grecia y Roma, existieron personas sabias, y una cultura que aún hoy es recordada. Entre estos pueblos, son recordados, y forman parte de la historia, los germanos y los celtas.

Los celtas, conocidos por los griegos a partir del siglo IV, estuvieron en Europa desde el Adriático hasta las islas británicas. Los lugares en donde su influencia de gran nación se extendió, y en donde queda reflejada su presencia en los nombres de lugares y en su folklore, son España, Francia y Gran Bretaña.

Poseedores de una estructura social, sus ciudades fueron las antecesoras de Reims, la ciudad de los remos; París, la ciudad de los parisios; Chartres, la ciudad de los carnutos. Si hablamos de Francia, no han sido los celtas los continuadores de las ciudades fundadas por los galos, o bien las fundaron los celtas, o bien las crearon cuando las anteriores ya habían sido abandonadas. Puede afirmarse, e investigadores como Henri Hubert así lo han manifestado, que los celtas fueron los fundadores de muchas de nuestras ciudades europeas.

Las costumbres y la estructura organizativa de los celtas eran mucho más evolucionadas que las de los otros pueblos coetáneos, y aún de los pueblos que les sucedieron que, como en el caso de Roma, cuando conquistaron sus tierras, aprovecharon los conocimientos técnicos del pueblo celta. España y Francia empezaron a existir como núcleo organizado cuando los celtas llegaron a su suelo. Después llegó Roma y su conquista, pero, volviendo a lo que decíamos antes, los celtas continuaron en las fronteras del imperio romano y continuaron dentro de dicho imperio.

Resumiendo, antes de considerar otros temas, la civilización céltica tiñó las culturas de España, Francia, Roma, Germania, Irlanda, Escocia... etc., pero desapareció como núcleo político y como nación.

De todos modos, no se puede estudiar el hecho celta bajo una óptica unitaria. Existieron y coexistieron numerosos pueblos célticos, distintos y variados en su extensión geográfica, y distintos y variados en su extensión en el tiempo, desde la antigüedad, antes de Cristo, hasta el siglo VI, en que se produjo su práctica desaparición en Gran Bretaña. Por ello, estudiar la civilización celta plantea enormes problemas, y genera numerosas dudas al encontrarnos con textos entroncados con la leyenda y con datos literarios vistos bajo la óptica de otras culturas.

Existe una característica celta que es, al mismo tiempo, curiosa e importante. Veamos, hablaba en el párrafo anterior de los distintos pueblos celtas que han existido en Europa, así como de los distintos pueblos celtas que han perdurado desde antes de Grecia y Roma hasta después de la desaparición de esos imperios. Sin embargo, hay un hecho que destaca en un supuesto pueblo celta, y es el de la unidad de todas las naciones del mundo céltico, no de una forma estructural, sino a través del ejercicio de una auténtica solidaridad. Solidaridad que se da también en el pueblo judío, sea cual sea la nacionalidad de sus miembros, totalmente al margen de un sionismo poderoso y corrompido.

Es muy posible que esa unidad, que podríamos denominar de parentesco, sea debida a una institución tradicional celta, la de los sacerdotes druidas, cuyo poder se extendía dentro del mundo céltico, por encima de las, en cierto modo, barreras nacionales.

Vamos a entrar en un terreno polémico. Por un lado, el sacerdocio de los druidas estableció un código moral, un conjunto de normas jurídicas y una doctrina filosófica muy superior a la de los pueblos que convivían con los celtas. Por otro lado, entre las tradiciones rigurosamente conservadas desde la antigüedad, y aparentemente aceptadas socialmente, encontramos costumbres tan amorales como la caza de cráneos, o sea la conservación, como trofeos, de las cabezas de los enemigos muertos en batalla. Cierto es que tampoco nuestras actuales sociedades occidentales pueden estar muy orgullosas ante la existencia de costumbres tan denigrantes como las corridas de toros, la caza del zorro, las peleas de gallos o, en Cataluña, los «correbous».

Un aspecto curioso e interesante en la sociedad céltica lo constituye la forma de funcionamiento de la justicia. Sociedad avanzada, pero de origen tribal, esta última característica marca considerablemente la constitución de las instituciones que rigen la vida común y cotidiana de estos pueblos.

Pero habría que matizar una palabra de las que figuran escritas en el párrafo anterior, y me refiero a la palabra tribu que, o no es exacta, o no debe ser entendida bajo nuestros actuales parámetros mentales. La tribu, para los celtas, o entre los celtas, no era un municipio-estado, al estilo griego (aunque tampoco las organizaciones políticas griegas fueron uniformes a lo largo de su historia), si no que tenía unas connotaciones familiares, entendidas en sentido amplio, algo más parecido a lo que hoy denominaríamos un clan y, al decir en sentido amplio, hago referencia a los grupos cuya sangre se ha mezclado. No en vano, una de las típicas instituciones celtas fue la de la alianza de la sangre, o sea mezclar y beber la sangre de dos familias, como símbolo de un pacto.

Pero volvamos a su organización judicial que, ni era organización, ni se juzgaba, en el sentido entendido por Roma o en el mundo actual, a través de magistrados. La figura más importante en el pueblo celta podría ser, para una mejor comprensión, la del árbitro, función ejercida inicialmente por los druidas, brehones u hombres buenos, en su traducción actual, bastante exacta, por cierto. La función del árbitro encaja con la costumbre tradicional de la componenda o transacción, o sea, el pago de una indemnización que cubra, no solamente el daño causado, sino un concepto que en nuestra jurisprudencia empieza a ser frecuente como «pretium doloris», el precio del dolor y, entre los celtas, es el precio del honor, institución que fija, como hoy, la desigualdad de las personas ante la ley, ya que este precio del honor no es el mismo si la víctima es el rey, que si se trata de un simple súbdito, variando, también, en las escalas intermedias.

Los celtas ya no existen, tuvieron su momento histórico, fueron nuestros antepasados, viven en nosotros, porque nada se destruye, y las tradiciones, a nivel genético o colectivo, perviven, a nivel consciente o inconsciente.

Sin embargo, para quienes quieran tener una idea de la mentalidad celta, la pueden encontrar en el actual pueblo irlandés, en donde el sentido de la solidaridad tribal no conoce ni respeta fronteras. Ni la frontera es realmente frontera. El sentido familiar que se encuentra hoy en las familias irlandesas, aunque residan fuera de su territorio, tiene unas características célticas, en verdad matizadas y adaptadas y, ¿por qué no? Modernizadas.

En el profundo estudio que ha realizado Miguel Aracil existe un tema que me gustaría adaptar, y sobre el que me apasionaría investigar. Los celtas ya no existen, pero los sacrificios humanos sí, y los sacrificios de seres vivos se multiplican en América del Sur y del Norte y en Europa. Mucho tendrá que influir la era de Acuario para que nuestros descendientes en los albores del año 3.000 hablen de los sacrificios de seres vivos como una salvaje costumbre ya superada.

Miguel Aracil, gracias.

JUAN JOSÉ LLAMAS
(Abogado y locutor de radio y TV)

Introducción

Desde hace decenios el hombre occidental se ha sentido fascinado por las culturas y pueblos del pasado, por su carácter misterioso, por sus mitos, leyendas y tradiciones, y, curiosamente, este interés se ha dirigido, en la mayoría de los casos, hacia las antiguas culturas y civilizaciones orientales o de la América precolombina, dejando casi en el olvido a esos pueblos que los autores clásicos llamaron, de una forma un tanto despectiva, celtas,[1] definiendo así, a unos hombres y mujeres que habitaban las fronteras septentrionales de sus imperios.

La cultura celta en nuestro continente y, muy primordialmente, en España, tiene una gran importancia, y su huella ha llegado hasta nosotros a través de fiestas, cultos sincréticos y viejas tradiciones que, encubiertas de un falso manto de cristianismo, nos recuerdan a un pueblo que, pese a ser relativamente marginado por lo estudiosos de nuestro país, merece ser estudiado y analizado aunque sea de forma rápida, pues un estudio profundo sobre el celtismo

---

1   Los autores clásicos llamaron celtas o galos, principalmente a los habitantes de tez blanca que habitaban al norte de sus fronteras. Como ejemplo recordemos la teoría o definición de Tácito para quien eran bárbaros todos aquellos que «no comían pan de centeno, cocinaban con grasas de animales, y bebían cerveza», o sea, los que no utilizaban el trigo, el aceite de olivo, y no bebían vino. (Trigo, Olivo y Vino, las tres columnas capitulares de la cultura Mediterránea).

en general e incluso de su importancia en España, podría ocupar varios voluminosos libros, y estamos seguros de que, pese a su volumen, aún quedaría mucho por decir.

Pensemos que una gran parte de las fiestas conocidas por el nombre del «Árbol» son reminiscencias de las celebraciones arbóreas que los celtas importaron y extendieron por todo el país (y, lógicamente, por otras partes de Europa que ellos ocuparon), que la gran mayoría de lugares donde encontramos el topónimo «lug», son originariamente lugares donde se adoró al poderoso dios Lug o a su personificación femenina Luccina (o Luginna, pues las formas valen y son utilizadas); en muchos lugares de Europa se celebran todavía fiestas dedicadas a homenajear a las fuentes, a cubrirlas de flores y a dedicarles bellos poemas, lo cual es una reminiscencia de los cultos que los celtas dirigían a fuentes concretas donde se creía que vivían pequeñas deidades de las cristalinas fontanas.

Podríamos seguir con estos ejemplos durante horas, pero hemos preferido dejar tan interesante tema para un capítulo aparte, pues a buen seguro los lectores sentirán interés por el origen céltico de muchas celebraciones que, probablemente, conoce por haberlas visto, pero desconoce su origen.

La bibliografía sobre los celtas es muy extensa en lengua inglesa y francesa, pero desgraciadamente muy escasa en lengua castellana, y la mayor parte de trabajos al respecto se han elaborado desde un punto de vista muy especializado, bien fuera desde el punto de vista arqueológico, o desde una visión puramente filológica, que al simple interesado puede pasarle un tanto desmedida; en cambio, muy poco se ha escrito sobre su esoterismo, sus ritos y costumbres, su estancia en España, su mensaje, y en resumen, sobre su aspecto histórico.

Bien es verdad que hay quien ha estirado tanto la manga, que ha intentado relacionar a los celtas con los «extraterrestres» publicando un sensacionalista libro que, pese a su «explosivo» título, tuvo poca aceptación, pero también es verdad que grandes eruditos del tema se han limitado a escribir grandes volúmenes donde solamente encontramos fríos documentos y datos sobre la Téne, sobre su cerámica, sus armas o su forma de combatir. Creemos que puede ser de interés general hacer llegar al público de lengua castellana, una obra que, sin querer ser un libro de texto sobre «misterios» celtas, sí que abarque algunos de los temas menos conocidos de esta formidable cultura que durante casi quince siglos marcó el devenir de media Europa, y actualmente, primer cuarto del siglo XXI, parece revivir gracias a grupos neo celtas que se dedican al estudio, divulgación, e incluso reviven las antiguas tradiciones celtas, publicando libros o revistas, organizando congresos internacionales, fomentando encuentros musicales de música céltica, que curiosamente está teniendo en gran parte de Europa un auge espectacular, reproduciendo antiguos amuletos o piezas célticas, etc. Desgraciadamente, como ya hemos dicho anteriormente, España ha quedado un poco relegada de este renacer del interés por lo celta, pero de manera un poco embrionaria, empiezan a darse algunas manifestaciones muy positivas sobre el tema en la parte septentrional de nuestro país, pues no hemos de olvidar la gran importancia de estos pueblos célticos en zonas como Galicia y Asturias, o gran parte del Pirineo, sin olvidar los asentamientos célticos en Castilla e incluso en la zona sur, aunque la parte meridional de España, quizá debido a los muchos siglos de dominación árabe, ha perdido casi todo el recuerdo de sus vestigios célticos.

En este libro que tiene usted en sus manos, hemos intentado recoger los aspectos más importantes de la cultura celta, sin olvidar hacer mención, aunque sea de forma rauda, de algunos aspectos totalmente ortodoxos del tema.

Como en anteriores libros, al final de esta obra vamos a facilitar al lector una bibliografía general sobre el tema para que, de esta forma, todo aquel que quiera profundizar en el celtismo, tenga algunas referencias sobre obras especializadas (que, como ya hemos dicho, son relativamente pocas en castellano).

Sobre el tema del esoterismo celta, desgraciadamente, se ha escrito poco y permítaseme decir que, en parte, equivocado, pues hemos leído algunas obras que supuestamente estaban dedicadas a los misterios celtas, y hemos podido apreciar que a mitad del libro se confundía celtismo con germanismo, lo que a su vez llevaba a los autores a hablarnos del belicoso y desconocido a la vez pueblo de los fiordos, los vikingos, que nadie duda de su interés en todos los sentidos, pero que poca relación pueden tener con el celtismo, pese a confundir algunos autores, sus escrituras rúnicas, sus vestimentas (los vikingos no llevaban cuernos ni astas en sus cascos militares, como se nos intenta representar siempre) e incluso en algo más importante: sus dioses.

Indudablemente, los celtas, además de ser un pueblo misterioso, eran una sociedad imbuida de un fuerte aspecto mágico que ha llegado a nosotros de una manera desdibujada, pero de la que nos podemos hacer una idea con solo ver alguna de las pocas películas que se han hecho sobre el tema, como la espectacular *Hombre de mimbre*, protagonizada por el actor británico Cristopher Lee, que, en este caso, cambia su vampírica capa por la blanca túnica de un neo druida. En este film se recogen, de manera magistral, algunos de los ritos que los celtas efectuaban, como el culto a los árboles, a la fecundidad, a la meta psicosis, e incluso ¿por qué no decirlo? A los sacrificios humanos que a buen seguro llevaron a cabo, no solamente durante su etapa «pagana», si no, incluso en algunos casos (pocos, suponemos), en esa otra etapa en la que los cultos y creencias celtas se fusionaron de forma sincrética con el cristianismo, llegando a crear, en algunos lugares, un cristianismo autóctono como es el caso de Irlanda.

Pensemos que, hasta bien entrada la Edad Media,

no puede considerarse desaparecido el celtismo, pese a los datos que la historia oficial nos ofrece, según la cual, es a partir del siglo V de nuestra era, con la llegada del cristianismo a gran parte de Europa, cuando se produce la desaparición de los celtas. Pensemos que muchos autores aseguran que Merlín, el mago, que actualmente sabemos por estudiosos británicos que fue un ser real, de carne y hueso que vivió en las islas británicas a principios de la Edad Media, era un druida.

Sobre el tema de los druidas, creemos necesario dedicarles un capítulo, pues su importancia en la cultura celta es comparable a la que tuvo el cristianismo en la Europa occidental, o el culto al faraón (dios viviente) en el antiguo Egipto. No se concibe la cultura celta sin estos iniciados (e iniciadas, pues también hubo mujeres druidesas) de blancas túnicas y dorada hoz al cinto que, en las últimas décadas, se han hecho populares entre nosotros, principalmente entre los más pequeños, gracias a unos personajes de cómic, y que han dado la vuelta al mundo, dando a conocer los celtas a millones de personas; nos referimos, como ya pueden adivinar, al belicoso Astérix y sus compañeros de correrías, principalmente, Obélix, con sus inmensos megalitos a cuestas.

Termino esta introducción esperando, sinceramente, que este libro anime a quien lo lea para que investigue por su cuenta y aprecie la importancia que los celtas tuvieron para Europa, y, sobre todo, para que valore la fuerte raíz céltica que los españoles tenemos, pensemos que, probablemente, el origen de las romerías proviene de ellos, y que España es el país por excelencia de estos festejos-rituales, que se dan en toda la extensión hispana.

Sin más, empecemos a conocer un poco más a este pueblo mágico.

El origen de los celtas

Durante dos milenios, los europeos solo conocieron de los celtas lo que habían escrito los autores clásicos, que en muchas ocasiones fueron muy «partidistas», y aquí tenemos el caso de César, que, buen escritor y exquisito «corresponsal de guerra», fue muy subjetivo al hablar de ellos, aunque con el factor druidismo se mostró de forma diferente. Los testimonios de estos escritores y cronistas, aunque deben de estudiarse con reservas, son, hasta cierto punto, muy importantes pues en la mayoría de casos convivieron con gentes célticas, las trataron, conocieron, y por esta razón, a pesar de que en ocasiones exageren sus defectos, principalmente en tiempos de hostilidades, nos dejaron datos de gran valor para conocer sus costumbres y su vida.

Estos antiguos documentos y crónicas podríamos decir que son las primeras fuentes para el estudio de los celtas.

Una segunda fuente sería la relativa a su iconografía, en todos sus aspectos, desde las esculturas de la Téne, comprendido su tardío florecimiento en las islas británicas, hasta la escultura céltico-romana, que algunos autores consideran un arte «bastardo» desligado del verdadero celtismo, pasando por la numismática celta, que, como muy bien dice el estudioso Olivier Launay, es un puro esplendor.

La tercera fuente sería la arqueología monumental, o sea los restos de viviendas, tumbas, fortalezas, campos, etc., es decir, todas aquellas huellas físicas que los celtas nos han dejado, y que, desde finales del siglo XIX, aparecen regularmente y nos informan sobre aspectos nuevos y desconocidos de estos pueblos.

La cuarta fuente la componen las piezas literarias, principalmente irlandesas, pero también bretonas, que han llegado hasta nosotros y que describen de forma magistral su forma de vida, sus costumbres y ritos y demás aspectos que nos asombran y embelesan.

Por fin, habríamos de añadir el folklore vivo que todavía hoy existe en alguno de los principales enclaves célticos, como Escocia, Irlanda, Gales, Bretaña, Cornualles o la maravillosa isla de Man.

Estos países, por su carácter conservador, han guardado con bastante pureza sus tradiciones, músicas, ritos y leyendas populares que, en este aspecto, son de gran interés para el estudio del celtismo.

Aquí en España podríamos añadir, aunque tímidamente, los topónimos que aún conservamos en nuestra geografía, y que ya hemos mencionado de forma rápida en el prólogo.

La Téne

Aunque sea de manera breve, es necesario hacer mención a la cultura que denominamos de la Téne, debido al descubrimiento en dicho lugar, en la segunda mitad del siglo XIX, de gran número de objetos celtas que vieron la luz al ser desecado el pantanal que las cubría, (hacia 1874).

Dichos restos nos dieron nueva luz sobre la cultura celta y sus progresos en todos los campos.

Los celtas, terribles guerreros.

Algunos años después, hacia 1877, el descubrimiento de la fortaleza de Strandonitz en tierras de Bohemia, aportó pruebas concretas sobre la unidad cultural (si no política) de los celtas de las Galias y de centro Europa. Los nuevos descubrimientos en la localidad italiana de Marzabotto, nos indicaban la importancia de los galos cisalpinos.

La conservación de las piezas hundidas en el cieno que cubría el suelo de la Téne (Suiza) y que, en algunos casos, da nombre a esta etapa protohistórica, fueron importantísimas para conocer su forma de vida. Posiblemente la Téne fue un palafito, quizá un puesto militar, en medio de un lago para asegurarse su defensa. Los especialistas han dividido la etapa de la Téne en tres fases I, II y III, pero como tales datos pertenecen al más puro estudio arqueológico (espadas, fíbulas, etc.) creemos conveniente dejarlo para las personas que quieran profundizar en dicho tema, para lo cual, al final de la obra, citamos una interesante bibliografía.

Sobre su origen antropológico existen varias teorías, aunque quizá la más conocida es la de Broca, que considera el solar de la más pura raza celta, la extensión comprendida entre los ríos Sena y Garona por un lado, y los Alpes y el mar por otro. Según estos estudiosos, el celta puro sería el habitante de la actual Auvernia.

Frente a esta teoría un tanto «chauvinista» apoyada mayormente por investigadores franceses, existe la del gran prehistoriador catalán Pere Bosch Gimpera, según la cual, los celtas fueron el resultante de la fusión de varios elementos, algunos de ellos de origen no indoeuropeos, y que no tenían al principio ninguna unidad antropológica.

Los yacimientos arqueológicos que, con el tiempo,

han aparecido, parecen dar la razón a nuestro ilustre prehistoriador.

**Carro de bronce hallado en Austria en la
tumba de un caudillo celta.
Su antigüedad es de más de 2.700 años.**

Los modernos tratadistas consideran a los celtas como individuos pertenecientes a una subdivisión de los caucásicos.

Estos sujetos eran, generalmente, gente de cabello castaño o rojizo, aunque los había rubios (menos de lo que se supone), no tan dolicocéfalos como los nórdicos puros, de estatura mediana oscilando a altos, de buena y compensada estructura, por lo tanto, bien formados y con cierta tendencia a los rasgos agudos.

Lógicamente, hablar de una cultura celta es un tanto difícil, pues no podemos comparar los celtas centroeuropeos del siglo VIII antes de nuestra era, con los celtas que poblaron Irlanda a principios de la Edad Media. Entre ellos hay un intervalo superior al milenio, lo que, naturalmente, tuvo que repercutir en sus formas y comportamientos.

El enigma de los celtas es una constante en la protohistoria europea, así, nos encontramos con celtas de baja estatura y con cráneos que en nada se parecían a las tipologías nórdicas. Por otro lado, nos encontramos con monumentos que, hasta hace apenas setenta años, los arqueólogos pretendían presentar como célticos (Crowleis, cistas, etc.) y que en las últimas décadas hemos visto que pertenecieron a una cultura muy anterior, que quizá se remonte a seis milenios atrás.

Tras esta breve introducción nos podemos dar cuenta de que el origen de los celtas es más misterioso de lo que los historiadores oficiales intentan hacernos creer.

Nórdicos o Centroeuropeos, rubios o castaños, unidad antropológica o fusión de diferentes razas y pueblos; quizá el tiempo nos lo dirá, pero lo indudable es que la fuerza y la personalidad del pueblo celta, ha sido, quizá, la más importante de la Europa occidental, y que su estudio bien vale la pena.

Fíbulas y espadas, cascos y corazas, carros y amuletos, todo ello aparece regularmente en los yacimientos de toda la Europa central y occidental y estamos convencidos de que, con el avance de la filología y la arqueología, en un futuro no muy lejano sabremos más sobre esa civilización que, con toda seguridad, fue una verdadera unificación de las culturas y pueblos europeos solo posterior a una cultura que fue común a toda Europa y que actualmente conocemos como cultura megalítica, con la que posiblemente tiene mucho en común.

Máscara de Montsiéré (Pirineos).

La cultura de los túmulos

La arqueología ha ido adentrándose en la noche de los tiempos intentando encontrar el origen de los celtas, y ha llegado al período conocido por Edad del Bronce.

Es en este período donde localizamos la cultura de los túmulos, que se desarrolló entre los siglos XVIII y XIII antes de nuestra era . Se extendió por Centro Europa, Francia, Bélgica, Suiza, Austria y quizá llego al norte de Italia.

En estos sepulcros se han encontrado armas y demás objetos característicos de los inicios de la Edad del Bronce, lo que nos confirma la antigüedad de la cultura céltica. En las tumbas de mujeres abundan objetos en forma de espiral, lo que nos recuerda los numerosos petroglifos con esa forma que se han encontrado en todo el norte peninsular. Estos hallazgos en los últimos años se han ido extendiendo hasta llegar a zonas meridionales como puede ser Rumania. Los túmulos de la Bretaña, de gran tamaño, contienen pequeñas sepulturas y pequeñas cámaras construidas con piedras secas que tienen una falsa cúpula. En algunas de estas construcciones prehistóricas, se encuentran elementos que son puramente célticos y que hallaremos frecuentemente en sus tumbas, como por ejemplo meandros, zigzags o espirales (este símbolo se repetirá constantemente en todo lo concerniente a la cultura celta).

De esa época provienen algunos de los objetos encontrados en el fondo de lagos y fontanas que pertenecen a los cultos que posteriormente citaremos, que, en el transcurso de misteriosas ceremonias en las que, acompañados del sonar de sus enormes trompetas, eran arrojadas al agua diferentes ofrendas, como platos, cucharas, vasijas, etc., muchas de ellas decoradas, y lo seguiremos repitiendo, por las obsesionantes espirales que tan importantes parecían ser para dichos pueblos.

Es a partir del mil trescientos, aproximadamente, que esta «cultura de los túmulos» empieza a convertirse en la cultura de los campos de urnas. Es en ese momento cuando podemos hablar de una cultura celta cristalizada, surgiendo de una amalgama de pueblos inconexos, y sentando sus reales en Europa.

Recogemos, en este momento, unas palabras del abogado y gran estudioso del celtismo Mariano Fontrodona, que dice «me imagino a los celtas; alegres poéticos, indolentes, tercos, indisciplinados, valientes y crédulos, pugnando por salir de las filas anónimas de la humanidad, y por situarse en primer término en la calidad de protagonistas».

Nosotros también nos los imaginamos en esos últimos siglos del segundo milenio antes de nuestra era, sobresaliendo entre los demás, con ese carácter mágico que, a partir de entonces, los iba a envolver y les daría merecida fama.

En la cultura de las urnas, el cadáver era enterrado en tumbas que variaban según su rango, pudiendo ser un rico cofre, o un simple árbol ahuecado, a los cuales se rodeaba de armas y objetos para poder disfrutarlos en este larguísimo viaje.

En cambio, en la cultura de los campos de urnas, los cadáveres eran incinerados, lo que nos demuestra que tal función no es tan moderna como parecía ser.

Sus cuerpos eran reducidos a cenizas y sus restos encerrados en urnas que seguidamente era enterradas. Europa quedó cubierta de campos funerarios, de ahí su nombre. Los cuerpos eran quemados en grandes plataformas, que, curiosamente, no estaban demasiado alejadas de los hábitats humanos. Un ejemplo claro de estos enterramientos en urnas se da en las cercanías de Terrassa (Barcelona) en la necrópolis de Can Missert.

La gran expansión que encontramos en los campos de urnas es una muestra evidente de la fuerza conquistadora de los celtas en aquella época, que hizo retroceder a los germanos hasta el norte del río Elba. Según algunos historiadores, esto se debió a la codicia que los celtas sentían por el ámbar.

Estos campos de urnas tuvieron gran importancia en España, así los encontramos en el Alto Llobregat (Santa María de Marles), la Cerdaña, el Penedés, el Pallars, las márgenes del Ebro a su paso por Tarragona, incluyendo el misterioso pueblo conocido como Tivisa, donde aún en la actualidad se dan extraños sucesos, también existen y el impresionante y bellísimo campo de urnas de Punta del Pi, en el turístico Port de la Selva, donde muy cerca se encuentran sumergidas las misteriosas y polémicas «Banyeres dels monjos» que pese a ser oficialmente de origen medieval y benedictino, personalmente, cada vez que las veo, tan cerca del campo de urnas de Punta del Pi, y su ubicación mirando a Levante (y las he contemplado cientos de veces) más dudas tengo sobre su origen medieval.

De esa época, el famoso arqueólogo Bosch Gimpera nos hace ver que existen en todo el sector pirenaico, desde Girona hasta Navarra, pasando por Huesca, nombre que hacen clara evocación a enclaves celtas, así los topónimos terminados en «du» (de dunum, equivalente a fortaleza o castillo) son de claro origen celta, por ejemplo, Verdú, Besalú, Salardú, Navardún, etc.

**Los celtas conocían los puntos
energéticos de la Tierra (Carnac).**

También, según este investigador, tendrían el mismo origen los pueblos cuyo nombre acaba en «ac», como por ejemplo Reixac, Masarac, Vullpellac, y un largo etc.

Estos túmulos y estos hombres de los campos de urnas, pudieron muy bien ser los primeros habitantes europeos que merecen el nombre de celtas, adentrarse más en el campo de la filología y la toponimia queda fuera de la intención de este capítulo, por lo que esperamos haber dejado solamente constancia de unos orígenes estudiados y que, como vemos, nos dan un buen número de lugares donde rastrear y estudiar.[2]

2   De esta época, lógicamente, no tenemos documentación escrita, por lo que solo nos quedan los restos arqueológicos, que, por cierto, son muy numerosos. Para las personas que les interese la Historia del Arte, les recomendamos una obra de María Cruz Fernández publicada por Historia 16 en su colección sobre Historia del Arte. Se publicó con el nombre de «La Edad de los metales» y contiene unas preciosas fotografías sobre material encontrado en las diferentes campañas arqueológicas, y que nos dará una idea de la importancia de esta cultura.

La religión celta

Como en tantas otras culturas a través de los tiempos, la religión celta tenía dos niveles bien diferenciados, uno el popular al alcance de todos, el otro el esotérico, bastante más reducido y reservado.

El nivel superior o esotérico, ha sido comparado por algunos autores, con la metafísica pitagórica.

El nivel popular, en cambio, estaba al alcance de todos, y en él se sincretizaban una serie de ritos y cultos que procedían de las viejas religiones del neolítico, y de ellas adaptaron los cultos solares, lunares y telúricos que, después, fueron sincretizados por el cristianismo. A los viejos cultos agrarios pertenecían los rituales y creencias sobre aguas sagradas, fuentes mágicas, el culto arbóreo, y las diferentes divinidades maternas. Es en estas costumbres en las que se basa, principalmente, la magia celta, y muchas de las prácticas ocultistas como la adivinación, que practicaron afanosamente los celtas.

Según gran número de estudiosos del tema, la diferencia entre los dos niveles religiosos, no provenía de una segregación como la que pudo existir entre los sacerdotes egipcios y el pueblo, a los helenos y sus sumos sacerdotes; en el mundo celta, la diferencia emanaba principalmente del grado de desarrollo intelectual que tenía cada sujeto.

Uno de los principales dioses celtas fue sin duda Lug, que dio nombre a diversas ciudades y pueblos.

Puede que su nombre tenga cierto parecido con el latino «lux» (luz) o «lucus» (arboleda). En Irlanda se celebraban en su honor las fiestas del 1 de agosto, que se conocen como Lug- nasadh.

Este dios, Lug, el «múltiple artesano», se parece bastante a una divinidad total, pero es solo una apariencia, pues se trata exactamente de eso: el múltiple artesano, o sea, activo en el mundo de las realidades sociales. Como muy bien nos dice Jean Markale: «Lug combate incluso las fuerzas caóticas representadas por los Fomoré, de los que él mismo ha nacido. No es el creador del origen del Todo, pero en cambio es el animador de Todo».

Cuando, según la tradición céltica, nació Lug, apareció de dos factores supuestamente antagónicos: del Orden (los Tuata de Danaan) y del desorden (los Fomoré) entonces el papel de Lug fue asumir ese sistema, obedeciendo el plan del Conjunto, o sea, mantener el equilibrio entre lo coherente y lo incoherente. En estos aspectos se centran algunos autores que aseguran que las castas superiores dentro de la religión céltica se podrían definir como monoteístas. En muchas ocasiones Lug tuvo una función femenina, y es entonces cuando nace Luccina.

Existe, entre la religión celta, otra deidad importantísima que es Dagda, que no es, pese a lo que su nombre parece indicar, (Dag- Bueno, Da- Dios) el dios bueno, si no una deidad adorada principalmente por los celtas de Irlanda; algunos asimilaron el dios Dagda con Júpiter.

Esta divinidad fue considerada en muchos casos como el dios de los druidas, además de ser la divinidad de los juramentos.

Sus atributos como dios son una enorme clava que, debido a su peso y tamaño, debe ser transportada sobre ruedas; con una punta de esta colosal herramienta, este dios mataba a sus víctimas, y, por el contrario, con la otra devolvía la vida a quien pudiera merecerlo. Era atributo de esta deidad un arpa mágica que podría interpretar tres temas diferentes: uno sobre el sueño, un segundo de la risa (factor importante entre los alegres celtas) y el tercero sobre el dolor.

Como último atributo poseía un caldero mágico (elemento muy utilizado entre los sacerdotes celtas) que permitía saciar el hambre de tantas personas como fuera necesario, no en vano era mágico. Pero este recipiente no siempre servía para tareas tan humanitarias, si no que en ocasiones servía como recipiente para sacrificios de animales y humanos. En este libro queda bien clara la inclinación de los celtas hacia este tipo de rituales.

Esta deidad tuvo, según la mitología celta, dos hijos, uno fue Brigit, diosa de la poesía, la cual fue cristianizada y dio origen a Santa Brígida, personaje que en realidad no debió de existir, siendo un caso más de claro sincretismo. Su otro hijo fue Oengus Mac Ind Oc, a quien algunos especialistas en el tema consideran como una importante divinidad del amor.

Según un estudio de Jochen Malms, en el panteón

celta existían algo más de cuatrocientas divinidades, aunque lógicamente muchos de ellos eran locales y no participaban de la veneración de todos los celtas.

Entre los celtas insulares tuvo una gran importancia la diosa Dana o Ana, verdadera diosa-mater, la gran madre, o madre del todo. No es difícil de observar entre este nombre, Ana y santa Ana, la madre de la Virgen María, una profunda relación, pues la abuela de Jesús era indiscutiblemente la Madre de la Madre, o sea la Gran Madre. En este caso nos volvemos a encontrar con otro factor sincrético entre cristianismo y celtismo que nos confirma la importancia que este último tuvo en el occidente.

El dios Cernnuno, representado en un caldero de oro, posiblemente del siglo III antes de Cristo.

Entre las tribus que habitaron el actual y peculiar país de Gales, existía una deidad poco conocida en comparación con los demás dioses del panteón celta, y que ha llegado hasta nosotros con el nombre de Don. Se supone que fue también considerada como diosa-mater, y que fue la progenitora de Arianhord.

Esta grotesca imagen conocida como Sheela-na-gig es la representación de la diosa céltica de la destrucción y, a la vez, de la creación.

El sentido religioso estaba muy enraizado en el pueblo céltico, lo que obligó al cristianismo, a «adoptar» en su propio «panteón» a muchos de estos dioses antiguos, cristianizándolos, y logrando que, con el paso de los siglos, esta raíz sincrética se olvidara casi por completo. Son claros ejemplos la Brigit anteriormente citada, las Lucías y Lucios, Lucas y Lupo, que son derivaciones del poderoso dios Lug o de su forma femenina Luccina, etc.

Desgraciadamente, se conoce poco de la religión celta en sus raíces, y, por culpa de los historiadores clásicos, se crea una verdadera confusión por intentar forzar analogías entre dioses romanos y celtas, como intentaron hacer los historiadores clásicos Luciano y Silio Itálico, y también en parte Julio César. Así, encontramos que algunos estudiosos antiguos emparejan a Esus con Marte, a Teutates con Mercurio y a Taranis con Júpiter, mientras otros lo hacen de forma diferente asegurando que estos primeros estaban equivocados, como el caso de Minucio Félix o Tertuliano, que consideraban al dios celta Esus, el equivalente a Mercurio.

Pero como muy bien dice el erudito Salomón Reinach, según los restos encontrados al respecto (la verdad es que bien pocos) Esus era un dios leñador, lo que no encaja ni con Mercurio ni con Marte, como los anteriores historiadores aseguraban, mientras que Taranis era considerado como dios del trueno y Teutates el de los pueblos, lo que tampoco encaja en su relación con los dioses latinos.

Hemos puesto estos ejemplos para demostrar lo poco que sabemos sobre el panteón celta, pues lo escaso que ha llegado hasta nosotros es principalmente erróneo y contradictorio, como ya hemos observado.

Algo sí tenemos por cierto, y es que al igual que conservaban unas creencias totémicas que se perdían en la negrura de la prehistoria, estas gentes tuvieron un respeto y una veneración importantísima hacia los megalitos, razón por la cual, como bien dice el historiador Fernand Devismes, en su obra *Los Celtas*, los romanos llegaron a creer que dólmenes y menhires habían sido construidos por los celtas para lugar de culto druida.

Cruz celta, toda ella llena de simbología.

Como bien dice el ilustrado Mariano Fontrodona, los celtas irlandeses creían que los dólmenes eran las moradas de algunos dioses de segundo orden, y, por esta razón, los soberanos irlandeses de Leinster construyeron su palacio fortificado sobre el túmulo dolménico de Fir Bolg Slenga, y algunos celtas que habitaron el norte peninsular, se reunían para deliberar en zonas repletas de megalitos (Comarca de la Cerdaña, en Lleida).

También se reunían junto a los megalitos en fechas muy importantes dentro de su religión, como el caso del día primero de agosto, en el que se reunían para conmemorar la unión nupcial de su gran dios Lug, con la Tierra.

Podemos suponer que en algunos casos muy concretos, algunos de sus caudillos militares y destacados guerreros, al morir se les consideró como semidioses, pasando a formar parte de los panteones particulares de cada grupo, ese sería el origen de Cuchulainn, o Fionn.

Roca de los sacrificios en la comarca de Osona (Barcelona), posiblemente fue utilizada por grupos pre-célticos para llevar a cabo sus sangrientos rituales.

En este capítulo hemos intentado hacer solo un pequeño esbozo sobre la religión celta, que, como vemos, es bastante difícil de estudiar debido a la poca documentación de «primera mano» que tenemos, y a los constantes errores de los escritores clásicos.[3]

---

3   Al empezar el libro me hice la promesa de no reproducir párrafos y antiguos textos que podían hacerse aburridos y que por demás habían aparecido en múltiples publicaciones sobre el celtismo. Esta promesa debe ser rota ante el tema del dios Lug, pues existe un antiquísimo texto celta que nos resume de forma casi perfecta, los atributos y la personalidad de esta importantísima divinidad que tanto ha influido, y esto lo repetiremos en más ocasiones, en el pasado de Occidente.

«Cuando Lug se presentó a las puertas de Taa, el portero le preguntó:

—¿Quién eres tú?

—Soy carpintero —le contestó Lug.

—No tenemos necesidad de carpintero, pues tenemos al mejor: es Luchta, hijo de Luchaid.

—Pero además soy un excelente herrero (dijo Lug).

—No necesitamos herrero, ya tenemos uno de bueno, es Colum.

—Además soy guerrero, campeón magnífico.

—No tenemos necesidad de campeón ni guerrero, pues tenemos a Ogmen, hijo de Ethnium.

—Bien, pues soy arpista.

—También tenemos un arpista, es Abcán, hijo de Becelmas.

—Soy Filósofo e historiador.

—No tenemos nada que hacer con ello, pues tenemos a un magnífico profesor en historia y poesía, se llama En, y es hijo de Ethoman.

—Soy, además, mago.

—No tenemos ninguna necesidad de magos, pues tenemos muchos druidas entre nosotros.

—Pues sea, soy médico.

Los animales estaban siempre presentes en el arte celta.

—No tenemos necesidad de médico, pues tenemos a Diancecht, un gran médico.

—Bien, soy copero.

—No nos hace falta ningún copero, pues tenemos nueve entre nosotros.

—De acuerdo, soy un excelente obrero del bronce.

—Tenemos al famoso Creidne, el mejor de todos los obreros del bronce.

—Anda pues y comunica a tus maestros todas mis habilidades y pregúntales si entre sus hombres existe uno con mis conocimientos —Le dijo Lug al portero.

El criado, confuso, llevó el mensaje a sus maestros (o a su rey) y estos proclamaron a Lug Ollam: doctor supremo en todas las ciencias.

En estas cortas líneas podemos darnos una idea de los conocimientos que se atribuían a Lug, al cual podemos considerar como el omnipotente y señor de todas las sabidurías.

Caldero de bronce, de origen antiquísimo (hacia el 600 antes de nuestra Era). En estos recipientes preparaban los druidas sus fórmulas mágicas.

Los celtas y la gran diosa madre

Si hacemos un estudio de las diferentes religiones que han existido en nuestro planeta, veremos que casi todos los pueblos coinciden en un cierto politeísmo en el que existen unas deidades más o menos importantes pero que todas ellas están supeditadas a una gran deidad.

Nos encontramos en un verdadero problema al tener que hablar del sexo de esta gran deidad. Esta deidad primigenia a la que todos los demás están supeditados ¿es masculina o femenina? Según algunos estudiosos, como es el caso de Freud, nos dicen que las religiones más antiguas se referían a una divinidad masculina, pero, como muy bien nos cuenta Jean Markale[4]: el psicoanálisis de los mitos sagrados parecen indicarnos que la divinidad primigenia era femenina.

Si estudiamos la Biblia nos encontraremos con una clara evocación a la gran madre (Eva) que nace de una costilla del gran padre: Adán, pero, en cambio, dentro del panteón griego nos encontramos con que el dios por excelencia, Zeus, se siente obediente ante una potencia superior, Moira o Fatum, que es de carácter femenino.

Recordemos que la madre del cristianismo es María, la madre virgen de Jesucristo, pero no olvidemos que esta madre es, a su vez, la hija de otra mujer, o

---

4   *Les celtes et la civilisation celtique*, de Jean Markale (edic. Payot).

sea de la gran madre, y que se llama Ana palabra que ya era utilizada para designar a otras diosas madres, muchas de ellas vírgenes. Pensemos que, en la antigua Roma, se rendía culto a una diosa de nombre «Anna Perenna» que era adorada en lugares sagrados y que era venerada como diosa nutricia, de forma muy parecida a esa otra «Anna- Puma» de la cultura hindú (pensemos que en sánscrito Anna significa alimento o nutrición).

En muchos lugares de nuestro país nos encontramos con montañas o zonas consideradas sagradas desde hace milenios y que llevan el nombre de Anna, como en el caso del antiguo asentamiento celta de Mamet de Annes, o de la cueva ceretana (Pirineo catalán) de Annes o Anes, lugar que, muy probablemente, fue enclave de culto hace milenios.

Es de suponer que, en todas estas zonas, se adoró a esta diosa madre que se repite en la mayoría de culturas de todo el planeta.

Sobre la raíz ana hemos de hacer una pequeña especulación. Una de las principales divinidades romanas era Diana y, además, nos encontramos que en la más remota antigüedad, la palabra «anus» significaba «mujer vieja» o sea mujer muy antigua, quizá esa «primera mujer» que alumbró a los demás seres humanos, siendo la gran madre primigenia.

Entre los celtas las podemos encontrar bajo los nombres de «Matres, Matrae o Matronae» y, según los historiadores franceses especializados en la historia de los galos, su número fue impresionante.

Según el historiador P.M. Duval (*Les dieux de la Gaule*) la palabra «mater» es de origen latino, pero dicha palabra en plural utilizado para designar a «las diosas» no es romano, si no muy anterior.

Estas «diosas maters» de los celtas, las podemos encontrar en solitario, en parejas y, en algunas ocasiones, en grupos de tres, pero, por lo general, tienen a un niño en los brazos o sobre las rodillas, lo que de inmediato nos trae a la memoria a las «vírgenes con niño» que se adoran en el cristianismo, y, de manera muy significativa, a esos arcanos de la religión y de la tradición que conocemos como vírgenes negras, y que, a partir del siglo XII, inundaron de fe toda Europa, haciendo verter ríos de tinta de escritores e investigadores que han intentado buscar su origen en culturas como la egipcia o en continentes supuestamente sumergidos.

Sobre el origen de la gran madre del cristianismo, o sea de santa Ana o Anna, hemos de hacer mención a un aspecto muy culto por parte de la iglesia Católica, y es que este nombre de Ana solo aparece «oficialmente» en los escritos cristianos hacia el siglo VI, en que Justiniano hizo construir una iglesia en Bizancio con ese nombre, por lo cual parece ser que, hasta bien entrado dicho siglo (concretamente el año 550), se desconocía el nombre verdadero de la madre de la Virgen María, lo que nos induce a creer que dicho nombre fue escogido a propósito, para llevar a cabo un cierto sincretismo con las viejas tradiciones maternales del pasado.

Los romanos adoptaron muchas de las tradiciones que los celtas utilizaban para adorar a sus «diosas maters» a esa Dana o Ana de los antiguos irlandeses, la cual creían que era la madre de la raza de los Tuatha de Dannaan y que incluso hoy da nombre a varios lugares de las islas británicas, como el célebre monte situado cerca de Kerry y que se denomina «Paps Of Anou» que, traducido al castellano, sería «los pechos de Ana».

Así, nos encontramos con lugares que fueron punto de ritual y culto por parte de los pueblos celtas, y que en los primeros siglos de nuestra era fueron adoptados por los cristianos, y en los que, curiosamente, bastantes siglos después aparecían las vírgenes negras. Curiosamente estas divinidades tendrán unos puntos en común, citamos a Eag Begg en su estudio sobre las vírgenes negras:

«Una y otra vez, en los relatos sobre vírgenes negras, se descubre una estatua en un bosque o entre unos matorrales, o se encuentra cuando los animales obligados a tirar del arado se niegan a pasar por un lugar concreto. Entonces se lleva la estatua o la imagen a la iglesia parroquial, pero por la noche regresa misteriosamente al lugar que ocupaba, donde se construye una capilla en su honor. De un modo casi invariable su culto se relaciona con los fenómenos naturales, sobre todo con aguas curativas, incluso con rasgos geológicos sorprendentes, tales volcanes extintos, confluencias de ríos, líneas de fuerza subterráneas, etc.

Los romanos adoptaron de los celtas estos parajes célticos, y seguidamente, serán los cristianos quienes tomarán el lugar para santificarlo (con imagen incluida en algunos casos) pero el espíritu del lugar sigue siendo celta».

Estas palabras de uno de los mayores especialistas en temas de diosas madres y Vírgenes Negras [5] nos dejan bien clara la relación entre las vírgenes negras de la Edad Media, y su origen celta.

Curiosamente, y en contra de las teorías de muchos investigadores que relacionan la llegada del culto a las vírgenes negras en Europa a los caballeros del Temple, el anteriormente citado Ean Begg, nos dice que fueron en parte los monjes irlandeses de los primeros siglos de la Edad Media, los responsables del culto a las vírgenes «brunas» y uno de ellos, precisamente san Columbano, lo introdujo en parte de Francia, apoyado por los devotos sirios de Orleans que adoraban a una santa María de Egipto, de tez oscura.

Para darnos una idea de la importancia que tuvieron estas divinidades (aunque sería mejor escribirlo en singular) en la cultura celta, mencionaremos la recuperación de doscientas estatuillas de diosas maters en las aguas del santuario de Sequana, cerca de las riberas del Sena, y recordemos que los celtas consideraban a los ríos como divinidades y, curiosamente, les daban un espíritu femenino.

Gran número de ríos, pozos, fuentes y lagos (siem-

---

5   *Las vírgenes negras* de Ean Begg (Edic. Martínez Roca).

pre fenómenos hidrográficos) fueron honrados y sacralizados por mediación de deidades femeninas, en ocasiones en honor a una sola diosa y en ocasiones dedicados al loor de las triples Maters o Matres.

Desgraciadamente, y con más regularidad de la que nos podemos imaginar, algunas de estas diosas madres celtas han sido confundidas con vírgenes medievales, y sabemos de algunas figuras que se conservan en importantes museos, y que, pese a ser con toda seguridad deidades celtas, hay gentes que se empeñan en clasificarlas como medievales, así, sería un claro ejemplo la «murtra» o diosa-mater céltica descubierta y estudiada por el grupo de investigación de la revista (ya desaparecida) Paraciencias, dirigido por José Antonio Lamich Cámara los cuales demostraron que una figura expuesta en una célebre sala de exposiciones de la Ciudad Condal y etiquetada como «románica», demostró ser, tras largas investigaciones y arduas pruebas, una divinidad celta o proto-celta, con unos tres mil años de antigüedad[6].

Como podemos ver, estas divinidades femeninas que tuvieron una gran importancia entre los celtas, llegaron al cristianismo de una forma totalmente sincrética, aunque parece que existan grupos que prefieran ocultar dicho factor.

Esperemos que nuevas investigaciones y descubrimientos históricos y arqueológicos demuestren la importancia del culto a la diosa madre en el celtismo

---

6   *Cuando Noé llegó a España* de Miguel G. Aracil.

y su repercusión en las actuales doctrinas de la Iglesia católica y del cristianismo en general.

Colinas de Da Chich Anann o pechos de Anna, madre ancestral que probablemente fue sincretizada por el cristianismo como santa Ana, la Madre de la Madre.

LOS SACRIFICIOS HUMANOS

Mucho se ha hablado y discutido sobre si en verdad los celtas practicaban sacrificios humanos, pero las fuentes clásicas parecen demostrar que tales ritos eran corrientes entre los celtas. Así, Julio César nos habla de enormes muñecos de mimbre donde se colgaban o depositaban ofrendas vivas, tanto de animales como personas y, seguidamente, rodeados de todo el pueblo, se les prendía fuego.

En el film «El hombre de mimbre» antes citado, se reproduce de manera magistral esta ceremonia, pero la película sitúa el sacrificio en la moderna Escocia, concretamente en una de sus numerosas islas.

Lucano nos habla de la muerte de un caudillo celta de segundo orden que es ahogado en un gran caldero, sacrificio que además ha llegado hasta nuestros días gracias a su representación en el vaso sagrado de Gundestrup, actualmente depositado en el museo de Copenhague en Dinamarca.

Es el gran Estrabón quien nos describe un santuario que los celtas que habitaban la Galia tenían en el interior de un tupido y oscuro bosque, donde existía un ara de sacrificios donde se adoraba a un ídolo ensangrentado, al que se ofrecían, con cierta regularidad, varones.

Aunque algunos autores han querido asegurar que los druidas solo practicaban sacrificios humanos por sustitución, simulacro o símbolo, estamos convencidos de que, en algunas ocasiones, estos sacerdotes-iniciados, participaron de manera muy activa en tales ritos sangrientos.

Existía entre los celtas un ritual que se conoce como de la triple muerte y que consistía en matar al enemigo de tres formas diferentes: asfixiado por una cuerda, la garganta cortada por un cuchillo y ahogado, y la confirmación de tal tipo de sacrificios nos lo confirma el hallazgo perfectamente conservado de un hombre en un pantano de Lindow (Cheshire, Inglaterra). Este cadáver tenía huellas de los terrores antes mencionados, y en su estómago, junto a salvado, centeno, trigo y avena, se encontró polen de muérdago (la planta más sagrada para los celtas) y trozos de pan tostado.

Este último elemento tiene gran valor a la hora de estudiar los sacrificios humanos de los celtas, pues sabemos, por las antiguas crónicas, que a las personas que se destinaban a morir sacrificadas por el bien de la comunidad se les administraban, poco antes de la muerte, unas porciones de pan tostado.

En la Edad del Hierro, los celtas erigieron recintos sagrados artificiales, muchos de los cuales han podido ser excavados hasta la actualidad, y en los que se encontraron numerosos restos de personas tanto mayores como niños, así como restos de animales.

En el templo de Holszahusen en Baviera, se ha encontrado un templo con dos terraplenes protegido por empalizadas de madera; junto a ellas se han encontrado profundos fosos rituales con ofrendas sacrificiales.

Algunos de estos pozos llegan a profundidades superiores a los setenta metros, así, tenemos el ya excavado de Fildon (West Sussex) donde a una profundidad de casi ochenta metros se han hallado restos de animales como cérvidos, muy abundantes en aquella época.

Otros pozos, junto a cornamentas de ciervo, contienen huesos de otros animales, cerámicas y gran cantidad de huesos humanos.

En el recinto sagrado de Libenice (Bohemia), que fue fechado a mediados del siglo III antes de nuestra era, se han hallado numerosos restos de niños y animales sacrificados, y junto a ellos, curiosamente, se halló el enterramiento de una mujer de avanzada edad, posiblemente la druidesa que presidía los ritos.

Como vemos en estos pocos ejemplos, los sacrificios humanos eran algo natural en la sociedad céltica, en una cultura que creía en la metempsicosis (forma de reencarnación) y que, en ocasiones, muy probablemente, las víctimas se ofrecían voluntariamente, así como a sus propios hijos. No es de destacar que se sacrificaran prisioneros de guerra o esclavos.

Los celtas, al igual que los romanos, tenían afición a sacrificar ritualmente a los delincuentes, y recogemos unas palabras de Julio César que expresan claramente esta costumbre: «Los galos consideran que la oblación de los culpables de robo o cualquier delito son más aceptables para los dioses inmortales, pero cuando les faltan individuos de esta calaña, recurren sin duda a los inocentes».

Curiosamente, cada grupo céltico tuvo sus propias costumbres y ritos sacrificiales, así, los que habitaron Escocia practicaban la «caza de cabezas» la cual persistió hasta bien entrada la Edad Media. Curiosamente, en esta zona pervivieron algunas costumbres sacrificiales, más o menos moderadas por la iglesia, hasta hace apenas doscientos años, así, hasta hace poco se celebraba en algunas zonas de Escocia la fiesta de Beltane, en la que el pueblo se reunía ante una gran hoguera para bailar y celebrar un banquete.

Los celtas sentían fascinación por las cabezas (Roquepertuse, Francia. Siglo III antes de Cristo).

Terminado este, se cortaba una gran torta que se conocía como Beltane y se daba un pedazo a cada asistente, pero existía uno de los trozos que se suponía que estaba maldito. Aquel al que le tocaba el nefasto pedazo, era considerado como un pecador y agarrado por los demás por los pelos, era llevado a la hoguera y se simulaba su quema. Indudablemente, esto era una simulación de los sacrificios humanos que se efectuaron en siglos anteriores.

De los Celtas de Bretaña nos dice Tácito que era para ellos un deber cubrir sus altares con la sangre de sus víctimas, y que con las entrañas de los sacrificados practicaban la videncia para conocer el futuro.

Se dice que fueron tantos los sacrificios que se realizaron que tomó cartas en el asunto el emperador Claudio en persona, prohibiendo a los druidas el practicar muchas de sus macabras ceremonias.

Los celtas que habitaron Irlanda, ofrecían a sus primogénitos a su dios Mag Slocht, representado por un gran ídolo de piedra. Según ellos, Irlanda fue habitada en la antigüedad por un grupo de dioses a los que se conocía como formorianos, y que exigían el sacrificio de los dos tercios de criaturas nacidas cada año.

También el emperador Tiberio tomó cartas en el asunto y criticó y, posteriormente, prohibió los sacrificios humanos, cosa que no deja de sorprendernos, pues los romanos los practicaban regularmente, así, por ejemplo, Octavio, el futuro emperador Augusto, mandó sacrificar a trescientos hombres en el altar dedicado al deificado Julio César, y ya no hablemos de los continuos sacrificios que se realizaron en los tiempos del cruel Calígula (37-41 d.C.) y algunos de sus sucesores en el trono de Roma.

Por lo tanto, vemos que la monstruosidad que conocemos como sacrificios humanos, ha sido común no solo a los pueblos celtas, si no a la gran mayoría de culturas y civilizaciones de todo el planeta, llevándose, indudablemente, la palma la cultura azteca o mexica, con sus millones de personas sacrificadas en sus sangrantes pirámides.

Parece ser que, dentro de los crueles ritos de la inmolación, tenía una gran importancia la cabeza de las víctimas, así, según algunos investigadores, los celtas colocaban sobre sus tejados estos sangrientos trofeos, suponemos que con la finalidad de alejar los peligros que podían afectar a sus hogares. En un momento dado, esta horrible costumbre fue abolida, y se cambiaron las cabezas humanas o de animales recién sacrificados, por la de figuras o muñecos, lo que, según el escritor británico R. Campbell, dio origen, siglos más tarde, a las gárgolas, que aún hoy parecen presidir muchísimos monumentos antiguos, principalmente medievales.

Estas gárgolas, recordemos, tienen, en muchas ocasiones, una función protectora, o sea, mágica que, indudablemente, tiene su origen en la misma función que tenían hace dos milenios las cabezas sangrantes que coronaban muchos hogares célticos.

En los últimos tiempos se han publicado algunos interesantes estudios sobre la función del sacrificio humano dentro de las distintas sociedades, y vemos que la mayor parte de pueblos antiguos practicaron el sacrificio como forma de agradar e incluso de comunicarse con sus divinidades. Pensemos que la palabra «sacrificio» proviene del latín «sacrum facere» que significa textualmente hacer sagrado, por lo tanto, podemos decir que el sacrificio ritual sería un «rebasamiento» de uno mismo hacia la divinidad. En una ocasión, Jean Markale dijo al respecto: «El sacrificio es ante todo, una operación psíquica, mediante la cual el sacrificado se despoja de las excrecencias que lo entorpecen, y, elevándose por grados sucesivos, intenta reunirse con la divinidad, considerada como el ser perfecto o la madre suprema, ya se trate de una divinidad objetiva o de una noción ideal inherente al individuo».

Llegados a este punto hemos de hacer una diferencia que, opino, es muy importante, entre sacrificio y ofrenda, pues si la primera la podemos relacionar con una «muerte deseada», la segunda es muy diferente, pues la víctima es «obligada» a morir, ya que, si la muerte fuera voluntaria, se trataría de sacrificio.

Como muy bien dice Juanjo Llamas en el prólogo, desgraciadamente cuando las ideas religiosas han cambiado, y no podemos aceptar sacrificios ni ofrendas humanas, en muchísimos lugares de todo el mundo, se continúan realizando estas costumbres, y no solamente escogiendo de víctimas a los pobres animales, sino incluso a seres humanos, así, no hace demasiados años, el investigador alemán Ewuald

Volhard, pudo ser testigo de matanzas rituales entre los basanges nigerianos, que, tras el sacrificio y el corte de la cabeza de la víctima, celebraban fiestas mágico-religiosas que duraban, en ocasiones, hasta una semana, y recordemos que estamos hablando de hechos acaecidos hace muy pocos años.

"El hombre de mimbre", uno de los sacrificios humanos de los celtas.

Por lo tanto, y para acabar, hemos de hacer constar que los sacrificios humanos por parte de los celtas encabezados por los druidas fueron cosa común entre estos pueblos, pese a lo que algunos estudiosos pro célticos nos querían hacer ver, pero que, al fin y al cabo, estas gentes realizaban algo que fue común a todos los pueblos antiguos, por lo que no debemos de condenar a los celtas por realizar estos ritos sangrientos sin saber sus razones, que, lógicamente, pueden ser muy difíciles de comprender por personas del actual siglo XXI. Indudablemente, el pensamiento de aquellas gentes que habitaron Europa hace veinte o veinticinco siglos es muy diferente al nuestro, aunque estamos convencidos de que incluso los más crueles y sangrientos entre los guerreros celtas, se horrorizarían de algunos «sacrificios» que el hombre actual y, supuestamente " civilizado" ha permitido en épocas recientes, sea en Hiroshima, Nagasaki o en los campos «de trabajo» que los nazis mantuvieron abiertos durante años en gran parte de Europa sin que las demás naciones hicieran nada por impedirlo. Tampoco olvidemos, por desgracia, de las que son muy actuales y que, según parece, vuelven a estar presentes, como sucede en algunos enfrentamientos tribales pero de alta mortandad de ciertas zonas centro africanas.[7]

---

[7] Para las personas que quieran profundizar en el peliagudo pero fascinante mundo de los sacrificios humanos, les recomendamos las obras del antropólogo e historiador británico pero afincado en México, Nigel Davies que ha dedicado gran parte de su existencia al estudio de los sacrificios humanos en las diferentes culturas y épocas. Algunos de sus trabajos han sido publicados en lengua castellana por la editorial Grijalbo.

Los celtas: el sexo y las mujeres.

"Los celtas fueron más liberales en algunos temas femeninos que muchos autodenominados progresistas actuales que sólo predican pero no dan ejemplo de lo que dicen y exigen".
MIJAIL CAPO IMPESSA.
(escritor, politólogo, periodista, militar y viajero)

Como en tantos otros temas relativos al celtismo, existe una desinformación total sobre la vida sexual de estos pueblos. Nos encontramos con estudiosos que los describen como obsesos sexuales desde el punto de vista heterosexual, otros los tachan de proxenetas, y, algunos, incluso afirman que practicaban la pederastia. Lógicamente, en un pueblo tan amplio como el celta, tuvo que haber de todo un poco, pero sin llegar a la radicalización de que hace gala Diodoro de Sicilia cuando nos dice literalmente:

«Aunque las mujeres son bellas, tienen muy poco comercio con ellas, y se entregan a la pasión del sexo contra natura entre individuos del mismo sexo. Acostados sobre el suelo, en pieles de animales salvajes, suelen tener a cada lado un compañero que les brinde placeres, pero lo más extraño de todo es que, sin ningún tipo de pudor natural, prostituyen sin ningún tipo de vergüenza, a las más bellas de entre sus mujeres jóvenes. Lejos de sentir vergüenza por dicho acto, se sienten ofendidos en su honor, si no son aceptados los favores que alegremente ofrecen».

Estas afirmaciones nos parecen sospechosas, y más

viniendo de Diodoro de Sicilia, que en sus obras muestra constantemente contradicciones mayúsculas.

Por el contrario, si leemos a Julio César, que convivió con los celtas nos damos cuenta de que estos eran unos empedernidos heterosexuales, y baste aquí un ejemplo citado por el gran general romano: «existen familias bretonas compuestas por diez o doce hombres los cuales mantienen relaciones con la misma mujer».

Grupos neo-célticos celebran rituales en los bosques, a semejanza de los antiguos celtas.

Lo que sí creemos es que entre los celtas existió un cierto libertinaje sexual, pues existen numerosas noticias conforme una mujer casada podía tomar un amante con la autorización de su marido.

Tenían también una extraña costumbre: si la mujer casada no tenía dote, el hombre podía tomarla por esposa por espacio de un año aproximadamente, tras lo cual podían volver a buscar otra pareja.

Un ejemplo de liberalización e incluso de derechos de la mujer, muy difíciles en aquellos tiempos, nos lo confirma el derecho a romper un matrimonio si existía un mutuo acuerdo entre ambos cónyuges.

Sabemos también que el concubinato era bien visto entre los celtas, aunque también era bien vista la venganza que la mujer «legal» pudiera tomar sobre las concubinas del marido.

Todo este entramado de parejas, amantes y concubinas parece contrario a lo que nos afirma Olivier Launay en su obra (ver bibliografía al final de la obra): «Una preocupación de las costumbres célticas es la de legalizar, o por lo menos controlar, cualquier especie de unión sexual, con el interés primordial de proteger los intereses de los hijos».

Creemos que, ante tanto intrusismo a nivel de pareja, tuvo que existir un buen número de hijos bastardos que no sabemos hasta qué punto eran protegidos por la sociedad celta.

Sobre la libertad de la mujer dentro de la cultura céltica, podemos asegurar que debió ser avanzadísima, y así nos lo dejó escrito el historiador Dion Casio al referir la conversación entre una mujer celta y otra romana. La primera dijo a la segunda: «Nosotros nos unimos a la luz del día, con los hombres más hermosos que vemos; mientras que vosotras, las mujeres romanas, pasáis noches de lujuria con los hombres más feos».

El Finisterre fue considerado como lugar mágico por los antiguos pueblos celtas que poblaron la vieja Galicia.

Parece demostrado, según viejas narraciones célticas, que entre estas gentes se permitió el derecho de pernada, por el cual el rey o el caudillo tenía la atribución de pasar la primera noche con sus súbditas. Esta vergonzosa práctica se extendió por Europa, teniendo su mayor auge en la Edad Media, en la que los señores (en algunos casos) humillaban a sus súbditos con tan denigrante derecho.

La violación sí que era castigada entre estas gentes. Si esta se producía sobre una niña, una sacerdotisa o una mujer casada, el violador tenía que compensar a los familiares de la víctima con lo que los jueces (suponemos que druidas) juzgaran oportuno. Pero cosa curiosa, si la violación se realizaba sobre la persona de una concubina o «segunda mujer», la pena a pagar era solamente de la mitad que en el caso anterior.

Pese a que las leyes sobre el sexo tuvieron que ser muy parejas en todos los países de cultura celta, parece que en algunas zonas existieron ciertas variaciones. Así nos encontramos que, en zonas del norte de Gran Bretaña, existía un tipo de matrimonio muy curioso, por el cual los padres y parientes de ambas partes aceptaban el contrato, pero, si pasado un año aproximadamente, no existían signos de embarazo en la mujer, el matrimonio se disolvía para tener libertad, cada uno de sus miembros, de probar «suerte» con otra pareja.

Esta extraña y curiosa costumbre, caló muy fuerte en las altas montañas de Escocia, y sabemos, por abundante documentación, que hasta bien entrado el siglo XVII, dicha costumbre se vino practicando, principalmente, entre los señores y terratenientes escoceses que deseaban descendencia.

En estas líneas hemos podido darnos cuenta de cómo eran las costumbres sexuales entre estas gentes. Como decíamos al principio, es muy difícil conocer sus tendencias pederastas u homosexuales, pues las noticias nos llegan de fuentes dudosas (en la literatura puramente celta, no existe ninguna mención a relaciones «contra natura» entre miembros del mismo sexo). Lo que sí podemos asegurar, es que entre la mujer y el hombre existió un respeto a los derechos, y, en muchos casos, la igualdad entre ambos era casi perfecta, factor, este, que tuvo que esperar más de dos mil años para que volviera a resurgir en el resto de Europa, si excluimos a los cátaros de Occitania en la Edad Media, que fueron también justos e igualitarios con las mujeres.

La mujer, indudablemente, fue piedra caudal para el desarrollo de la cultura céltica, muy diferente en este aspecto, al trato que esta recibía en esos tiempos en la mayoría de pueblos y culturas existentes entonces.

Los secretos del reino vegetal eran conocidos por druidas y druidesas.

Como columna importantísima de la cultura celta, la mujer estuvo en posesión de conocimientos secretos que, a buen seguro, se remontaban a los siglos en que existieron escuelas y colegios de druidesas. Con la llegada del cristianismo a las islas británicas y principalmente a Irlanda, se fusionaron los cultos celtas con la nueva religión, y precisamente en aquellas tierras se dio un fenómeno que es casi único en toda la Europa medieval, nos referimos a las misteriosas «conhospitae», que, en los primeros siglos del medievo, ayudaban a los sacerdotes en la misa, y que, en algunas zonas, como en la asilvestrada península de Armórica, administraban personalmente la santa comunión. Este verdadero fenómeno religioso lo podemos observar en toda su pureza en la gran obra de Cristyan de Troyes, que comúnmente conocemos por «Romance de Percival» o el Cuento del Grial.

En esta obra podemos observar cómo una bella doncella portando el Santo Grial, se aparece a un guerrero galo y le confiesa que en esa copa se recogió la sangre de Jesucristo y que ella va a llevar la eucaristía al anciano rey que se encuentra en su castillo.

De la misma manera que las druidesas conocían los secretos de lo mágico y sagrado, estas mujeres que actuaban de auxiliar de los nuevos sacerdotes cristianos conocían secretos de la «ciencia sagrada». En algunos lugares de raíz céltica, pervivió durante siglos la costumbre conforme las mujeres ayudaran en los distintos ritos y administraran la comunión.

Los druidas

Como muy bien aseguró Jean Markale, cuando se habla de los druidas, lo primero que debe hacerse, es desmitificarlos, borrar de nuestra mente al venerable anciano de largos cabellos y barba blanca con su hoz de oro al cinto, que, mientras va cortando largas ramas de muérdago, se divierte haciendo encantamientos y adivinaciones.

Toda esta parafernalia queda bien cuando pensamos en los anticuarios de principios del siglo XIX que se convirtieron en verdaderos coleccionistas de «lo celta» aunque muchas veces se equivocaran.

Los druidas formaban algo así como un «clero nacional» y una justicia deificada. Jubainville dice que las doctrinas secretas de los druidas tenían cierto paralelismo con las de los gimnosofistas y brahmanes de la India, con los magos de Persia y con los sacerdotes de Egipto.

Los druidas elaboraron y sublimaron, en cierto modo, la religión naturalista, pero, en ciertos aspectos, demasiado primitiva de los pueblos proto-celtas, y le infundieron un evidente idealismo. Según M. Fontrodona. «Las enseñanzas de los druidas injertaron nueva savia, y un notorio caudal de idealismo en los esquemas de los ritos y los mitos de estas gentes, aunque no pudieron borrar su ferviente naturalismo».

Sobre el origen de la palabra «druida» existen varias

teorías, así, mientras unos aseguran que proviene de las voces célticas «derv» y «Dru» que se traduciría por «roble», cosa que no es de extrañar conociendo la inclinación que estos hombres tenían por celebrar sus ceremonias en lo más hondo de los bosques y la veneración que sentían hacia ese árbol mágico, otros investigadores nos dicen que su nombre proviene de las formas escandinavas «drot» y «drutt» equivalentes más o menos a «maestro» y «señor».

Hay otra tercera corriente de opiniones sobre el tema, y es la encabezada por el investigador T. Thurneysen según la cual, dicha palabra derivaría de «dru» que significa «a fondo» y «vid» que podría interpretarse como conocimiento, de aquí su significado «conocimiento profundo» o «el que ve muy claro».

Sabemos, por los autores clásicos, que los druidas creían profundamente en la eternidad del espíritu e incluso de la materia, y de manera muy especial en la metempsicosis, y los conceptos que tenían sobre penas y recompensas, de estados de prueba y castigo, y de una hipotética vida futura, dan un tono muy elevado y trascendental a la institución de los druidas.

Hemos de pensar que el origen del druidismo dentro del celtismo es muy misterioso, pues mientras algunos autores aseguran que los celtas no conocieron a los druidas hasta el siglo III antes de nuestra era, otros van más lejos y aseguran que dicha institución solo existió entre los celtas de Gran Bretaña y la Galia, y hay un tercer grupo que cree que los celtas se apropiaron de esta tradición que había nacido siglos antes entre los pictos y otros aborígenes de Gran Bretaña.

Nosotros creemos que tal institución fue común a toda la cultura celta, y que si, en algunas zonas, como España, no han quedado documentos que lo acrediten ha sido debido a la manipulación y a la presión que la Iglesia mantuvo durante los primeros siglos de la Edad Media en dichas zonas. Aunque hemos de añadir tras consultar con historiadores especializados que, el druidismo como tal, en España fue prácticamente nulo, por no decir que tan siquiera existió, por mucho que algunos estudiosos(jamás historiadores oficiales y académicos) aseguren lo contrario.

Como en casi todas las castas sacerdotales de la antigüedad, los druidas tenían el monopolio no solo de los ritos religiosos, si no de las ciencias y el conocimiento. Pero sus funciones no quedaban allí, su jurisdicción era a su vez política, judicial y administrativa, llegando en muchas ocasiones a decidir las declaraciones de paz y de guerra.

Alguien dijo que los druidas eran una pequeña nación que gobernaba a otra nación mucho más numerosa, y creemos que tal afirmación se basa en una realidad, aunque hemos de recordar que los celtas nunca formaron un gran estado, pues eran gente indómita y poco amiga de alianzas duraderas que pudieran poner límites a sus territorios o su libertad.

En sus largas meditaciones en lo más profundo del bosque, los druidas decidían si debía haber guerra o, por el contrario, paz, y nunca eran desobedecidos, pues nadie de entre los celtas era capaz de empuñar las armas contra estos «hombres sabios». Sobre este tema de los druidas como jueces y consejeros, hemos de resaltar unas palabras de Cesar (VI.13) «En una cierta época del año, se reúnen todos en un lugar concreto del país de los carnutos, que tienen por centro de toda la Galia. Allí convergen de todas partes aquellos que tienen litigios y se someten y aceptan su parecer y su juicio».

Sobre estos juicios y la sabiduría de los druidas, tenemos noticias que se remontan a principios del siglo IV antes de nuestra era, lo cual nos demuestra que las teorías sobre la aparición de esta institución sacerdotal hacia el siglo III antes de nuestra era es falsa y no tiene consistencia.

No existe ningún texto que nos resuma la enseñanza de los celtas, y mucho menos la de sus sacerdotes, los druidas, pero sabemos que estaba reservada a los alumnos de sus propias escuelas, que en agrestes y lejanos seminarios, alejados de toda agitación y factores mundanos, aprendían de forma oral la sabiduría que los druidas habían recogido a través de los siglos, dedicados a la contemplación y el análisis de la naturaleza. La mayor parte de sus alumnos parece ser que eran de origen aristocrático, aunque sobre este punto pueden existir algunas dudas.

El legendario druida Cathbad, tenía, entre sus alumnos, casi cien jóvenes, de los cuales solo ocho «habían asimilado la ciencia druídica», lo que nos indica que la iniciación dentro del druidismo era ciertamente difícil.

**Túnica blanca y la hoz de oro,
emblema de los druidas.**

Como bien nos dice M. Fontrodona, la visión que los celtas tenían de la vida no se explicaría sin la firme creencia en la inmortalidad del alma, lo que les inducía a la falta de temor hacia la muerte, y a su constante interés por el más allá. Estaban convencidos de la posibilidad del hombre para conocer las más diversas y exóticas formas de existencia, y eso nos indica su amor a la vida en todas sus manifestaciones (aunque como vemos en páginas anteriores, practicaban los sacrificios, incluyendo los humanos). Según algunos investigadores, su apertura e interés a todas las experiencias revela en los druidas un profundo sentido de unidad en el universo, milenios antes de que la ciencia del siglo XX con todos sus adelantos y sus técnicas, empiece tan solo a sospecharlos.

**Celebración actual de una
reunión neo-druídica.**

Mucho se ha escrito y hablado sobre el papel de los druidas como médicos, físicos, químicos, jueces y filósofos, pero creemos que en parte se ha subvalorado su función como políticos, y de aquí podemos citar las certeras frases de Mariano Fontrodona: «Los druidas tuvieron una importancia tal que nos permite decir que, sin ellos, jamás se hubiera podido llegar en el mismo grado a una unidad céltica».

Y eso es una gran verdad, pues un pueblo diseminado como el celta, amante de sus propias libertades, poco dado a la solidaridad con sus vecinos, que habitaba en general en pequeños grupos, se hubiera disgregado al poco tiempo si no hubiera sido por la constante presencia de los druidas en toda reunión, juicio o asamblea.

Sabemos que, en extensas zonas, se contaba con los «Omphalos» o centros sagrados donde periódicamente se reunían las diferentes tribus, pero esto no hubiera bastado para tenerlos unidos en tiempos de guerra y mucho menos en los períodos de paz.

Es verdad que la base de respeto que los celtas sentían hacia los druidas, era por considerarlos como herederos y poseedores de de todos los saberes, pero también es verdad, que su poder era moral y, en muchos aspectos, mágico.

Cultivaban con pasión la astronomía y la astrología, y poseían bastantes conocimientos de los movimientos de los astros más representativos, computando los años por meses lunares.

Según Cicerón, basándose en el conocimiento de la naturaleza y sus diferentes fuerzas, pretendían poseer el conocimiento del futuro.

Al hablar de los druidas hemos de hacer hincapié, en La forma en que los escritores y autores clásicos hablaron de los druidas. Mientras de los celtas en general parecían hablar en sentido de mofa y de desprecio, de sus sacerdotes, en cambio, siempre lo hicieron con cierta admiración, así, Cicerón nos habla del heduo Diviciacos (ya mencionado también por Cesar) y nos dice que le conoce personalmente y que se «precia» de haber discutido con él: «Pretendía conocer las leyes de la naturaleza, lo que los griegos llaman fisiología, y predice según él, el porvenir, bien por medio de augurios, bien por medio de conjeturas».

Según algunas leyendas, el druida Merlín (conocido por el Mago) habita en los misteriosos bosques cercanos al Finisterre, donde sigue practicando la antigua magia celta.

Autores como Hipólito y Amiano Marcelino aseguran que los druidas fueron en un principio discípulos de Pitágoras, del cual aprendieron su filosofía. Pero no queda aquí el asunto, pues Clemente de Alejandría asegura que fue Pitágoras quien asistió como discípulo a las clases que impartían los druidas gálatas.

Es curioso constatar que muchos filósofos griegos quedaran extrañados de que aquellos «bárbaros» pudieran tener una línea filosófica tan profunda y refinada.

LA DESAPARICIÓN DE LOS DRUIDAS

Muchos autores acusan a los emperadores romanos de haber terminado con el druidismo, creemos que están totalmente equivocados, pues exceptuando en su aspecto sacrificial, los romanos no persiguieron el saber druídico si no fue en tiempos de conflictos bélicos, además, hemos de pensar que en contra de lo que normalmente se dice, los romanos como pueblo fueron bastante liberales en el tema religioso, no hasta el punto de llamarlos «agnósticos» como hace el francés J. Markale, pero sí desde el punto de vista de aceptar, e incluso ignorar, algunos cultos que desconocían o les eran ajenos.

La llegada del cristianismo sí que fue primordial para la progresiva caída de los sacerdotes celtas y sus instituciones, aunque estamos convencidos de que algunos de ellos se convirtieron en «tránsfugos» (palabra muy de moda en el argot político de nuestro país) y se «pasaron» al cristianismo, así, sabemos de algunos santos irlandeses que, con los hábitos de monjes cristianos, pedían que sus «raíces» fueran enterradas en tierra, lo cual conllevó a más de uno a morir enterrado en vida.

Hemos dicho en este libro que muchas deidades celtas fueron asimiladas al cristianismo, y se les siguió dedicando ritos y sacrificios (incruentos en esta ocasión) similares a los que recibían con la vieja religión céltica.

En el capítulo dedicado a las actuales ceremonias sincréticas (céltico-cristianas), veremos que todavía hoy, en muchos aspectos, el druidismo pervive en el subconsciente de unos pueblos que fueron celtas durante mil quinientos años, por lo menos.

Las viejas sagas irlandesas nos hablan de tardo-druidas que habitaban la isla verde en plena Edad Media, y que, en ocasiones (y hay documentación que lo acredita), compartían los hábitos de monje cristiano con las vestiduras y parafernalia típica de los sacerdotes de la cultura celta.

Como vemos, es muy difícil, por no decir imposible, afirmar en qué momento desaparecieron los druidas (no incluimos en este caso a los movimientos neo-druídicos de la actualidad) y en qué instante concreto deja de existir la religión celta, que, lógicamente, no se comprende sin sus sacerdotes.

Sabemos que, en plena Europa feudal, todavía hubo

brotes de druidismo que fueron, en esta ocasión, sangrientamente cercenados por la poderosa Iglesia católica, convertida en dogmática y «anti pagana» al precio que fuera.

La jerarquía druídica

Según Julio César, «a todos los druidas les dirige un jefe único, con una autoridad suprema. Cuando este druida superior muere, se escoge al que más sobresale; pero si son varios los que destacan, se escoge por sufragio entre los demás druidas, y, en ocasiones, se llega a las armas».

Tenemos nuestras dudas en la cuestión de recurrir a las armas, pero queda bien claro que existía entre ellos un archidruida.

La clase sacerdotal de los pueblos célticos se dividía en tres grados diferentes:

Los ya mencionados druidas, que se situaban en la cúspide de la jerarquía. Se encargaban de las cosas sagradas, de la metafísica, de la ley, de aconsejar a los reyes y caudillos, y celebraban los sacrificios en sus rituales principales.

Los bardos, o «filid» como se les conocía entre los celtas irlandeses, cantaban y recitaban, pero no escribían, según creemos. Acompañaban a los guerreros en sus incursiones bélicas, y los animaban con sus canciones y poesías.

En Irlanda se dividían en diferentes especialidades: desde los que cantaban canciones mágicas para hacer reír, llorar o amar, hasta los que recitaban o cantaban temas esotéricos sobre pócimas o sortilegios.

El tercer grado eran los «vates» o adivinos, y estaban encargados del orden físico del saber.

Eran médicos y magos a la vez, aunque no tenían los conocimientos de los druidas. Curaban por la botánica, el agua, los pases magnéticos, la imposición de manos, etc.

Algunos de ellos eran especialistas en las más diversas mancias adivinatorias. Desde leer el futuro por las entrañas de los animales sacrificados, hasta la premonición por el vuelo de los pájaros o las formas de las nubes.

Sobre la existencia de druidesas femeninas, es casi certero que existieron, aunque poco se ha escrito sobre ellas.

Pomponio Mela nos habla de unas «galicanas» que habitaban en la isla de Sein y que leían el porvenir, dominaban las tempestades, hacían que el viento las obedeciera y, según el autor latino, en algunas ocasiones se podían convertir a voluntad en animales.

De los colegios de druidesas se excluían, según sabemos, a los hombres, y sus novicias portaban unas curiosas túnicas, negras, cinturón de cuero, bonete blanco y un velo lila.

Algunos de estos grupos hacían voto de castidad perpetua. En Sein había nueve sacerdotisas mayores, que, en una ocasión, anunciaron la muerte de Alejandro Severo, lo que ocurrió, efectivamente, poco después.

Lamentablemente, sobre estas mujeres sacerdotisa nos ha llegado muy poco y, aunque es segura su existencia, apenas sabemos sus prácticas y forma de vida.

EL CELTISMO Y SUS ASPECTOS ESOTÉRICOS

"Decir celtismo y decir mundo esotérico podemos asegura que es algo casi similar, si no directamente lo mismo"
HUG DE SANT HOU

Pocos pueblos han vivido y se han desarrollado en su mundo tan mágico como lo hicieron los celtas.

La magia siempre desempeñó un papel importante en apoyo de la religión celta, formando un vasto conjunto de prácticas y creencias que penetraban en todos los aspectos de la vida cotidiana.

Indiscutiblemente, se tiene que hacer una diferenciación entre los celtas continentales y los insulares. Estos segundos practicaron las artes mágicas mucho más, si cabe, que sus hermanos continentales.

Veremos que el mundo celta está imbuido del factor mágico en todas sus representaciones, hasta el punto de que los últimos ecos de celtismo que se dieron en la Europa medieval parecían inverosímiles a pueblos tan supersticiosos como los germanos o los mismos vikingos.

Se creía que los druidas eran dueños de los elementos, que podían dirigirlos, que podían hacer crecer alimentos donde no los había, surgir fuentes por donde pasaban sus ejércitos, hacer crecer los ríos por donde pasasen sus enemigos y otras muchas fantasías que rodeaban a los druidas de un aura de magia que llegó no solo a impresionar a su propio pueblo, sino también a sus enemigos.

Se les suponía dueños y señores del fuego; pensemos que, en una noche mágica como la que ellos denominaban de Samhain, los druidas eran los únicos que tenían derecho a encender el sagrado fuego en el que se quemaba el numeroso grupo de ofrendas y promesas que se habían hecho a los dioses. Sabemos que quien no cumplía esta regla era severamente castigado.

Los druidas encendían una segunda hoguera ritual, en la asamblea de los hombres, principalmente en Irlanda. La tercera gran hoguera sagrada, era encendida la noche de Beltene, que se supone que, en sus comienzos, fue noche de sacrificios humanos. En dicha festividad se obligaba a los animales a pasar entre dos grandes braseros donde se quemaban plantas sagradas, esperando que tal ceremonia defendiera a las bestias de cualquier enfermedad o maldición que pudieran recibir durante todo el año.

El elemento aire también era dominado, supuestamente, por los sacerdotes druidas, y en más de una ocasión, el viento fue llamado para que ayudara a los guerreros celtas en alguno de sus innumerables conflictos bélicos.

EL MUÉRDAGO, ELEMENTO SAGRADO

Los celtas, al igual que muchísimos pueblos de la

antigüedad (nos atreveríamos a decir que todos), mezclaban la medicina con la magia.

Sus plantas medicinales tenían que ser encontradas, arrancadas, y preparadas de una forma totalmente esotérica y que solo estaba al alcance de unos pocos iniciados. Estas prácticas se proyectaron hasta hace pocos siglos, siendo, indudablemente, uno de los principios fundamentales de los que actualmente conocemos como brujería o hechicería. Las brujas del renacimiento y las hechiceras (y hechiceros, lógicamente) de la Edad Media se surtieron, de manera importantísima, de los conocimientos y los ceremoniales mágico-botánicos que practicaron los celtas en la antigüedad. Pensemos que aún, en la actualidad, se emplea el aceite de mandrágora para purificar las velas, aliviar los golpes y abrillantar las armas que se emplean en los rituales ocultistas. Que la hierba, o combinación de ellas, que conocemos como Naurora (también conocida en el mundo esotérico como "Lágrimas de Balaal") y que la mayoría de herbolarios aseguran desconocer, se utilizaba hace milenios para quemarla en el fuego, en muchas de las reuniones rituales que se hacían, con la función de purificar, al igual que el incienso celta o natural, que, aunque en España es poco conocido, se utiliza con diferentes nombres en países donde el celtismo sigue teniendo gran importancia.

Existía una extraña planta entre los celtas que se conoce con el nombre de «pamplina», que tenía que ser cogida del agua o zonas muy húmedas donde crecía, en un día concreto, el jueves, y se tenía que hacer con la mano izquierda, tras lo cual se debían realizar una serie de extrañas ceremonias mágicas para que aquella planta pudiera proteger a los hombres y mujeres que la guardaran de toda enfermedad y maleficio.

Eran unos enamorados del ámbar, que les permitía realizar y fabricar amuletos en forma de medallas, collares o pulseras, que les protegería de todo mal, y que, en caso de los guerreros, les daría valor y más fuerza para enfrentarse a sus enemigos.

Hasta nosotros nos ha llegado la noticia de que uno de los principales amuletos que utilizaban los celtas, era el conocido como «Huevo de serpiente». Esta preciada pieza se componía de saliva y excrementos de «serpientes entrelazadas» los cuales se recogían en un pequeño recipiente o saquito y se llevaba colgado del cuello o guardado dentro de las propias vestiduras.

Algunos celtas llevaban la «sagrada» agua que recogían en las cazoletas de los dólmenes, todavía hoy visibles en gran número de los megalitos existentes en la actualidad. Curiosamente, esta agua vuelve a utilizarse en las ceremonias neo celtas de algunas zonas, entre ellas España.

También eran muy bien considerados los objetos que llevaban grabados, en su propio alfabeto rúnico, frases y palabras mágicas que se creía que aportaban al objeto, fuera herramienta, amuleto o arma, una fuerza mágica que les protegería de todos los peligros.

Pese a todo lo aquí expresado, no debemos creer que los druidas eran simplemente seres supersticiosos que dirigían sus prácticas mágicas para dominar a los demás miembros de la tribu. Sobre el muérdago citado anteriormente, hemos de pensar que tiene, indudablemente, propiedades medicinales, pues recién exprimido contiene colina, viscotina y acetilcolina, los cuales actúan en la circulación sanguínea produciendo una bajada de la presión arterial con su polaridad, tanto para sanar, como para poder producir la muerte. Indudablemente, su uso solo podían llevarlo a cabo personas que conocían sus efectos y que sabían dosificarlo, y estamos convencidos de que este era el caso de los druidas. El roble irlandés del muérdago se conoce como «uilciceda» o «uilciceadh» que se podría traducir como «que puede curar cualquier cosa».

Toda esta familiaridad con el mundo de la botánica parece indicarnos que existía una «medicina esotérica» en la que se practicaba, no solamente la recogida de plantas, si no su estudio y la investigación sintomática de dichos vegetales, muy numerosos, pues no solamente el muérdago y el roble (el árbol más sagrado para los celtas) se suponían sagrados para estas gentes, si no que podemos creer que muchos de los vegetales que crecían en los bosques por ellos habitados fueron estudiados por los druidas.

Los conocimientos astrológicos de estas gentes eran apreciables, pues se piensa que fijaron la posición de la estrella polar en el equinoccio de la primavera, calcularon la inclinación del eje polar en veinticuatro grados, y, según algunos investigadores, llegaron a conocer incluso la esfericidad de nuestro planeta dos milenios antes de que alguien diera la vuelta al mundo, esto, lógicamente, si nos basamos en la historia oficial, pues existen cada vez más datos para suponer que muchos siglos e incluso milenios antes del renacimiento, fueron numerosos los pueblos que pudieron dar la vuelta al planeta en sus embarcaciones.

Según el neodruida Paul Bouchet, «los druidas acometieron el jalonamiento mediante monumentos capaces de desafiar el paso de los siglos, de los cursos de ondas telúricas», por lo tanto, se podría creer que hicieron una verdadera señalización de las corrientes telúricas.

LAS FUERZAS TELÚRICAS: LA SERPIENTE SAGRADA

Indiscutiblemente, los celtas y, más concretamente, sus sacerdotes, atesoraron, entre sus conocimientos esotéricos, el que correspondía a esas corrientes que a modo de venas y arterias recorren nuestro planeta, y que transportan y, en algunos casos, almacenan las energías de la Tierra, como si de un ser vivo se tratase, y conste que quien esto escribe está convencido de la teoría que nos define a nuestro planeta como un ser vivo, al que desgraciadamente vamos matando día a día, como ya comentamos en un reciente libro de esta misma editorial dedicado a "Gaia, el planeta vivo".

Los celtas utilizaron, al igual que los germanos, los signos rúnicos para encantamientos y protecciones.

Posiblemente, los druidas recogieron este conocimiento de las fuerzas telúricas y su utilización de culturas muy anteriores perdidas desde hace milenios y que apenas podemos vislumbrar, formando parte de ese saber perdido que tantos grupos han buscado (Templarios, alquimistas, hermetistas, sociedades secretas ocultistas, etc.).

Sabemos de lugares que, curiosamente, casi siempre coinciden con zonas megalíticas en Europa, que pueden producir lo que en un libro editado hace algunos años (*Dioses, megalitos y fuerzas telúricas.* Ediciones Arbor, y Ediciones La Espiral del autor) bautizamos como EACS, o estados alterados de conciencias, y que son llamados por otros «Lugares de poder».

Estos lugares fueron aprovechados, desde la más remota antigüedad, para edificar los templos donde los hombres podían sentirse más cerca de la divinidad. De esta tradición bebieron, indudablemente, los viejos constructores de catedrales góticas y románicas (no desdeñemos nunca la sabiduría de los constructores del Románico) los cuales conocían además el arte de la geometría sagrada.

Indudablemente, estas energías, que son muy numerosas y reciben diferentes nombres, y que ahora la ciencia empieza a estudiar, tuvieron una gran importancia para los celtas. Después de la Segunda Guerra Mundial, fueron analizadas y dadas a conocer las líneas Hartmann, que deben su nombre al médico alemán que las estudió y dio a conocer al público. Según el galeno germano, esta extraña red de fuerza terrestre se ajusta a la superficie del planeta como una gran cuadrícula.

Estas líneas de Hartmann se presentan como una gran estructura de radiaciones que se elevan de forma vertical desde el suelo a manera de grandes muros invisibles de una anchura aproximada de veintiún centímetros cada uno. En dirección norte-sur se alza cada dos metros, mientras que en dirección este-oeste lo hace cada dos metros y medio.

En estos puntos de poder se reunían los celtas para celebrar festividades mágicas, sus juicios, para decidir una declaración de guerra, etc.

Como dentro de los «puntos de poder» formados por las fuerzas telúricas existen de positivos y de negativos, podemos asegurar que, en algunos lugares muy concretos, se reunían los guerreros (siempre acompañados de sus sacerdotes) para llenarse de valor y poder enfrentarse mejor a sus enemigos.

Es bien conocido que existen lugares donde cualquier persona, por poco sensible que sea, llega a estados violentos que le llenan de ira, lo que en tiempos de guerra podía ser muy provechoso.

Estos puntos positivos y negativos pueden estar muy cerca unos de otros, así encontramos en pleno Empordà, dos puntos, uno positivo y otro negativo, muy cerca entre ellos. Nos referimos a la sierra de Roda y sus cercanías, toda ella rodeada de dólmenes y demás megalitos.

A pocos kilómetros de lugares de cultos e incluso de necrópolis celtas, como la Punta del Pi (ya mencionada al hablar de los campos de urnas), se encuentra el «Salt de la Gorgue» con su propio dolmen, que ha sido estudiado por muchos especialistas coincidiendo en que es un punto «negro» dentro de las fuerzas telúricas, lo cual queda demostrado por la gran cantidad de sucesos desgraciados ocurridos en la zona: accidentes de tráfico, incidentes violentos, etc.

La mujer gozó de un gran respeto entre los celtas, e incluso se cree que existieron colegios de druidesas.

Existe una curiosa mención del investigador en geobiología Mariano Bueno, que en su interesante libro «Vivir en casa sana» nos dice, haciendo referencia a los megalitos erigidos o aprovechados por los celtas: «En algunas zonas de Francia se arrancaron los menhires para poder cultivar las tierras adyacentes, y, a partir de entonces, se han producido problemas en los cultivos e incluso un aumento en el número de movimientos sísmicos».

Indudablemente, los celtas conocieron estas corrientes, estas «wuivres» o serpientes de energía que recorrían la Tierra, y supieron aprovecharlas. Pero hemos de pensar que también conocieron, como otras culturas donde existían restos de la vieja sabiduría, que, en algunas fechas concretas, estas energías eran más fuertes que en otras, y, posiblemente, algunas de ellas fueran tomadas como días festivos, dedicados a reunirse todas las gentes, aunque fueran de diferentes tribus, en un lugar concreto y en una fecha concreta. Hasta hace relativamente pocos años (a mediados del siglo XIX aún perduraba esta tradición, aunque ya practicada por pocas personas) muchas personas vinculadas a cultos o tradiciones esotéricas, se reunían el día 27 de enero en una zona de confluencias y concentraciones telúricas tan importante como Montserrat. Existen viejos documentos que nos hablan de la presencia, hace siglos, y en esa misma fecha, de brujos y brujas en dicha zona para «cargarse de energías». No olvidemos que, en gran parte, los brujos y brujas recogieron en sus tradiciones antiguos conocimientos que provenían de la cultura céltica.

Con el constante avance de la nueva ciencia que conocemos como geobiología, estamos convencidos de que se reconocerá el conocimiento que los druidas tenían de estas misteriosas propiedades de nuestro vivo planeta.

**Idealización de una ceremonia céltica,
con los druidas en cabeza.**

Pese a todo lo dicho sobre la importancia de los megalitos en el esoterismo celta, hemos de resaltar que, sus rituales y las invocaciones a las que eran muy aficionados, podían ser efectuados también en bosquecillos, muchos de los cuales fueron considerados sagrados durante siglos; podían efectuarse junto a los arroyos, algunos también considerados como morada de ciertas deidades menores; junto a los árboles, o, simplemente, en los calveros de las espesas selvas que cubrían toda Europa en aquellos tiempos.

Existían algunas piedras que, sin pertenecer al mundo de los megalitos y, por lo tanto, no haber sido construidas por el hombre, fueron consideradas como sagradas y efectivas para sus oraciones y ceremonias. Algunas de ellas conservan todavía inscripciones que las convertían en altares o lugares de culto. En gran parte de Galicia podemos encontrar piedras que tienen inscritas espirales y antiguos signos sagrados. En otras se grababan las famosas «cazoletas» que muchos arqueólogos remontan al neolítico, aunque no se sabe qué función podían tener. Nos arriesgamos a decir que era para contener o recoger parte del agua de la lluvia para emplearla en algunos rituales hoy desconocidos, con lo que descartamos que su función sería recoger la sangre derramada en los numerosos sacrificios efectuados por los celtas.

El calendario celta. Introducción a sus principales festividades mágicas y religiosas.

El año céltico estaba basado en el calendario lunar, con un mes intercalado cada cinco años, lo que lo dividía manera clara en dos estaciones, una veraniega y otra invernal.

Debido a esta forma del calendario céltico vemos la importancia de dos fechas: 1 de noviembre y 1 de mayo. Según el especialista J. Markale, «el calendario y las fiestas celtas, no tenían estrictamente ninguna relación con los solsticios», lo que, si fuera cierto, rompería una parte importantísima de las conmemoraciones que actualmente celebran los neodruidas, y daría al traste con mucha supuesta «tradición» esotérica que actualmente se practica por los diversos mundos del esoterismo neocelta.

Stonehenge fue desde siempre considerado un importante enclave de los celtas, pese a ser muy anterior a estos.

De todos modos, el señor Jean Markale nos merece ciertas dudas, pues en uno de sus libros, asegura que la fiesta de san Juan es de origen cristiano, aunque ha recuperado algunos ritos del 1 de mayo[8], por lo que

---

8   Tenemos nuestras dudas sobre que Jean Markale dijera que San Juan era de origen cristiano, y no fuera un desliz de la traducción castellana que ha sido la consultada por nosotros. (Ediciones Taurus).

debe su estructura a una religión precéltica. Podemos asegurar que, en la mayoría de ritos de la noche de san Juan, se dan unas raíces totalmente paganas, y que el cristianismo no hizo más que adoptarlas.

En la antigüedad, y antes del cristianismo, ya se celebraba la fiesta solsticial, que nada indica que no fuera festejada por los celtas.

Sí podemos dar la razón a dicho investigador (J. Markale) cuando nos dice que los druidas celebraban importantes fiestas cuarenta días después de los solsticios o los equinoccios, recordando que la cuarentena es el período de espera de la incubación, preparación y eclosión de la fiesta, que no creemos, como algunos aseguran, que se convertía en una «orgía», si no que era algo natural y que podía adaptar toda clase de rituales, incluidos los sexuales.

La fiesta del Samhain el 1 de noviembre era el primer día del año nuevo, o, mejor dicho, la primera noche, ya que de esta manera contaban los celtas (por noches). La asistencia a dicha festividad era obligatoria, y en ella se hablaba, discutía, se reía y se bebía y comía tanto como se podía. Se suponía que tal día, los celtas podían entrar en trance y llegar a penetrar, aunque fuera temporalmente, en las moradas de los dioses y ver y charlar incluso con los difuntos. Probablemente existe un fuerte paralelo entre dicha festividad y el cristiano «todos los santos» Incluso podríamos afirmar que fue sincretizada por la iglesia y adoptada como lo que actualmente conocemos "Todos los Santos".

Esta popular festividad representa para muchos la, cada vez más, famosa Noche de las brujas que podemos encontrar celebrándose en casi toda la Europa occidental. Se cree todavía que, esa noche, la frontera que separa a los vivos y a los difuntos se hace más permeable y permite una más fluida comunicación entre ambos mundos.

El autor ha sido testigo en territorios de Mesoamérica de verdaderos banquetes familiares en pleno cementerio en dichas fechas, en las que, toda la familia se reúne junto a la tumba y hace partícipe del ágape el difunto o difuntos que allí reposan su sueño eterno

En los países anglosajones se celebra todavía con el nombre de «Halloween» y es una de las principales fiestas de la brujería y de muchos grupos esotéricos.

La noche anterior era obligatorio tener los fuegos del hogar apagados en demostración de que el año estaba a punto de morir para dar paso a uno nuevo, a una llama flamante y alegre que los druidas encenderían.

Al igual que los actuales norteamericanos, en dicha fecha las gentes, principalmente los jóvenes, se disfrazaban y utilizaban máscaras.

Seguidamente se celebraba la festividad de Imbolc, concretamente el 1 de febrero, que sería prontamente adaptada por el cristianismo con el nombre de la Candelaria. En las Islas Británicas dicha fiesta estaba bajo el patronazgo de Brigit que, como ya se dice en otra parte de este libro, reapareció en el mundo cristiano bajo la personalidad de una monja de supuesto nombre Brígida de Kildare.

Algunos grupos brujeriles o que siguen el mundo de la doctrina Wicca (existen diversas variantes y escuelas) aprovechan para bendecir y "cargar" sus velas, "orgónicas", candelas y velones.

Festividad dedicada (entre otros) como ya hemos dicho a la divinidad llamada Brigit, en algunas zonas diosa de las plantas medicinales, estaba tan arraigado su culto, incluso muy implantado desde hacía siglos el cristianismo, que, la Iglesia, aunque al principio persiguió de manera furibunda su adoración y cualquiera que fueran las festividades dedicadas a Brigit, no tuvo más remedio que adoptarla, o sea, sincretizarla, y, en muy poco tiempo convertirla al cristianismo con el nombre de Santa Brígida.

Seguidamente, nos encontramos con una importantísima celebración, justamente el día 1 de mayo, la fiesta de Beltaine, la llegada del calor, la muerte del invierno, el día en que vuelven a reaparecer los ganados, guardados en sus refugios. Era una fiesta en la que los druidas tenían un gran protagonismo, se encendían grandes hogueras, y se celebraban festines, juegos, deportes, bailes y se desbordaba alegría.

Esta fecha tiene una gran importancia dentro del

esoterismo y en los países germánicos se la conoce como la noche de Walpurgis, jornada brujeril por excelencia.

En esta noche se celebran, en la actualidad, todo tipo de rituales, de diferentes ramas de la magia y el esoterismo, y que tienen su origen en dicha festividad céltica.

Se confeccionaban amuletos para la defensa de animales, los cuales, por haber sido hechos en tal festividad, se creía que serían más poderosos y eficaces.

Indudablemente, en ese día se celebraba la victoria del día sobre la noche, el calor sobre el frío, la luz ante las tinieblas, etc.

La cuarta festividad es la del dios Lug, y se denominaba Lugnasad. Se celebraba el 1 de agosto, y en ella se evocaba y recordaba a la madre nutricia, pues no debemos de olvidar que está muy cercana la cosecha.

En dicha festividad se practicaban toda clase de deportes y competiciones, carreras de caballos, concursos poéticos, y, según algunos investigadores, no se celebraban sacrificios, mientras que otros dicen que si la cosecha era mala (pues era fácil preverlo) en algunas ocasiones se sacrificaron animales y personas.

Muy poco nos ha quedado de esa festividad, aunque muchas de las celebraciones correspondientes a la cosecha que se conmemoran a finales del verano tienen su origen en dicha fiesta celta.

Podemos observar el paralelo entre las fiestas celtas y algunas de las principales que se celebran aún en la actualidad, y destaca el fuerte esoterismo que se da en dichas fechas por los actuales grupos que intentan seguir la gran tradición[9].

No menos importantes

Antes de terminar este capítulo sobre las cuatro más conocidas queremos, añadir por su importancia, otras tres que muchas veces no aparecen en los libros sobre los celtas.

Yule: Dicha celebración coincidía con nuestro periodo del 20 al 23 de diciembre, coincidiendo con en el solsticio de invierno, o sea las noches más largas y oscuras del año.

Se celebraba con danzas y rituales (también hogueras en ciertos territorios) para convocar el fin de la oscuridad y el retorno de la luz y la esperanza, y, por lo tanto, de la vida que deberá nacer en pocos meses. A partir de la festividad de Yule, los días serán cada día más largos, dando lugar a un nuevo ciclo de vida que renace y que aportará alegría y riqueza.

En esas fechas muchos pueblos celtas decoraban

---

9   Se daba entre los celtas una curiosa costumbre para protegerse de hechizos y malas suertes, la cual ha perdurado hasta nuestros días y está extendida por muchísimos países: tirar la sal por encima del hombro. En esta conocida fórmula de «defensa» contra los males vemos una más de las muchas tradiciones, costumbres e incluso actos cotidianos que nos han legado los celtas.

grandes árboles con todo tipo de regalos y ofrendas sagradas, dando lugar siglos más tarde a los famosos y familiares "árboles de Navidad" que, quien más quien menos tiene en sus casas para esas fechas (aconsejamos el libro sobre la Navidad y sus misterios publicado por esta misma editorial). Algunos grupos celtas denominaban a sus árboles sagrados de esas fechas con el misterioso nombre de "Igdrassil", que muchos estudiosos traducen como "Árbol del Cosmos" o "Árbol de los Cielos" (o del Universo)

La Osthara: Su festividad era celebrada entre el 20 al 23 de marzo. Dicha fiesta se celebraba en el equinoccio de primavera, cuando se daba un perfecto equilibrio entre la oscura y temida noche y el luminoso día, pero que, a partir de ese mismo momento sería la Luz (el día) quien vencería a la oscuridad(la noche).

Esa festividad señalaba el equinoccio de primavera, tiempo de esperanza, victoria, renovación y florecimiento vital.

Todavía hoy los grupos neo celtas y neo druidas la celebran con gran pompa y boato y grandes concentraciones, principalmente junto a viejos monumentos megalíticos.

Litha: era uno de los muchos nombres que daban los celtas a lo que desde hace siglos denominamos "Noche de San Juan", famosa por sus verbenas (nombre que proviene de la famosa planta) y hogueras rituales y purificadoras y la recogida de plantas medicinales y mágicas.

Es, sin duda, alguna la festividad más importante dedicada al Sol.

Se celebraba coincidiendo con el solsticio de verano, que es justo cuando el Sol, sea la luz, está en su punto más álgido y poderoso.

Desde hace décadas, al igual que hace milenios con la aparición de la cultura celta, con todas sus variantes, miles de personas se reúnen junto a megalitos (dólmenes y menhires que se remontan al neolítico, miles de años antes que los celtas) para celebrar sus rituales como loor a la Luz y al Sol. Miles de hogueras iluminan esa noche, considerada por muchos como la más mágica del año. La gente busca en sus llamas la purificación y demuestran sus alegrías y esperanzas, quemando lo que no sirve o daña. Las festividades actuales de dicha noche, dejando de lado los cambios y modas, son muy similares a las que realizaban desde hace más 2500 años los antiguos celtas.

LOS CELTAS Y LOS ESPÍRITUS DE LA NATURALEZA: DUENDES, HADAS, VAMPIROS Y OTROS

Todavía hoy, en los países de raíz céltica, sobreviven creencias que se refieren a pequeñas criaturas que se encuentran entre lo sobrenatural y los supranormal, esos espacios que Murry Hope denomina «Reinos intermedios».

Los conocidos «sidhe» célticos, muy parecidos en todo a los duendes, son definidos por algunos estudiosos como almas de difuntos que aún nos visitan, mientras que otros creen que su origen fueron misteriosas tribus que practicaron el canibalismo y que vivían en los espesos bosques del norte de Gran Bretaña.

Algunos de estos duendes tuvieron una gran importancia en la mitología celta, así suponían, que todos los saberes sobre la magia y los secretos de la naturaleza que poseían algunas mujeres sabias, habían sido enseñados a éstas, por un viejísimo duende, poseedor de grandes conocimientos.

Sobre el tamaño de estos duendes se ha escrito y hablado mucho, desde la idea general de que eran de pequeñísima estatura, hasta algunos estudiosos que aseguran que ciertos duendes de las creencias celtas, eran de un tamaño similar a los demás celtas. El origen de seres de pequeña estatura puede ser debido a la supuesta existencia en los oscuros años de la prehistoria, de unos seres bajísimos que habitaron las cuevas de las islas británicas, sobre este tema parece que existen algo más que simples leyendas, así según algunos investigadores, se han encontrado en ciertos lugares de Escocia, antiguos enterramientos conteniendo los cadáveres de seres de pequeñísima estatura, y en Villard-de-Lans (Saboya) se encontraron, hace algunos años, unas rocas en las que quedaron grabadas las huellas de una cincuentena de pies, todos ellos de pequeñas dimensiones, que o bien eran de niño, o pertenecían a seres bajísimos. Pensemos que la existencia de enanos o gente de reducidas dimensiones, al igual que la de gigantes (estos últimos han dejado huellas en todo el mundo) se repiten en la mayoría de culturas y pueblos, siendo, posiblemente, en misterioso recuerdo de alguna raza diferente que posiblemente existió hace milenios en nuestro planeta.

Druidas junto a un árbol sagrado.

Sea cual sea el origen de estas creencias, los duendes estuvieron siempre en la palestra de las creencias celtas, que, curiosamente, repitieron hasta la saciedad un aspecto muy extraño y misterioso sobre el tema: los niños cambiados.

Los celtas creían que, si un bebé al nacer no era atendido y vigilado de manera oportuna, o bien su madre dormía largamente después del parto manteniendo al niño a su lado, corrían el peligro de que un duende cambiara a la criatura por otro duende, para, de esta manera, vivir una vida similar a la de los mortales.

Punta de Pi (Ampurdán) donde se encontró un importante campo de urnas, que todavía espera una severa investigación.

Curiosamente, se extendió (y aún hoy se recuerda) la tradición conforme el célebre autor británico Shakespeare era, por razones mágicas, medio hombre medio duende.

Algunos autores como E. Spence creen que el origen de esta creencia de los «niños cambiados» se debe a las antiguas tradiciones, según las cuales un espíritu sin cuerpo o incluso el alma de un difunto puede volver a la vida poseyendo el cuerpo de un niño recién nacido.

Los celtas creían que algunos de estos pequeños genios o duendes habitaban dentro de los megalitos o incluso en misteriosos pozos.

Curiosamente, el duende irlandés y británico en general, concuerda bastante con el aspecto que debieron tener los celtas, y que aún tienen muchos irlandeses, de pelo rojizo, mal talante y amigos de la bebida y la juerga.

Otro habitante de los «mundos intermedios» que tuvo gran importancia entre los pueblos célticos, fueron las hadas, seres que, en la actualidad, están volviendo a ser estudiadas por investigadores del mundo entero, y que algunos intelectuales célebres no han dudado en decir que eran seres reales en los que creían formalmente, como es el caso de sir Conan Doyle, y que, según Colin Wilson, han sido fotografiadas en más de una ocasión.

En Irlanda se les da todavía el nombre de Dana o'Shee, y al igual que sus antepasados, las creen de pequeña estatura, enjoyadas, siempre alegres (menos cuando se enfurecen y se convierten en peligrosas), riendo, cantando y utilizando, en ocasiones, antiguos instrumentos idénticos a los utilizados por los antiguos celtas.

Idealización de fiesta celta.

En algunas ocasiones las hadas pueden, según antiguas creencias, poseer a una persona, y eso es lo que se supone que sucedió en el hogar de los Cleary en fechas no lejanas, y que motivó que el padre de familia, Michael Cleary, quemara viva a su esposa, Bridget Boland, ayudado por el resto de su familia, que estaba convencida de que un hada había ocupado el puesto de la mujer.

Existe todavía en Irlanda y Escocia la creencia de raíz celta que hace referencia a un extraño ser al que denominan «Banshee» (palabra celta que quiere decir algo parecido a espectro de mujer-hada). Cuando se escucha el rugido de alguna «Banshee», se supone que morirá alguien, pues su ulular siempre es portador de macabras noticias, principalmente defunciones de alguien del pueblo.

En algunas zonas de Escocia se asegura que, por las noches, se puede ver a dicha criatura cerca de los ríos, lavando las ropas ensangrentadas de la persona que próximamente fallecerá. Si alguna persona atrapa a una de estas criaturas, le puede ordenar que le diga el nombre de las próximas víctimas. De todos modos, encontrarse con estas es una señal de mal augurio, algo muy parecido a lo que sucede en otro enclave de la cultura celta, y, en este caso, mucho más cercano a nosotros, nos referimos a la «Santa Compaña» que pasea sus augurios siniestros por los bosques y prados de la céltica Galicia.

Volviendo a las «Banshee», la tradición las describe con un diente frontal muy prominente, una sola ventana en la nariz, pies unidos por membranas, y los ojos enrojecidos de tanto llorar. Podemos ver, en esta descripción, su diferencia abismal con las bellas y alegres hadas.

Se creía que, cuando alguien muy importante iba a morir, principalmente algún sumo sacerdote, estas lúgubres criaturas se reunían en grandes grupos para gemir.

Un pueblo tan imbuido en la magia como los celtas debía tener ¿cómo no? algún ser similar a los vampiros, y, en este caso, encontramos a los «Baobhan» que, con un aspecto de bella y lujuriante mujer, se ofrece a los hombres y, cuando está en contacto con ellos, les chupa la sangre, dejando desangrado al desafortunado amante.

En este «vademécum» de seres extraños que componen el mundo mágico de los celtas, tienen, aún hoy, gran importancia los «kelpies», pequeños caballitos de agua que se esconden bajo los lagos escoceses e irlandeses (también en algunas zonas de Bélgica). Cuando algún viajero se sienta sobre el lomo o la silla de dicho animal, este se precipita al fondo de las aguas, y, al día siguiente, aparecen algunas de las vísceras del desgraciado «jinete» esparcidas por las orillas. Esta tradición puede tener su origen en los extraños animales que constantemente se pueden observar en los lagos de Escocia y de Irlanda, siendo el más conocido, sin duda, el monstruo del lago Ness.

Para terminar esta galería de seres míticos (o quizás no tanto, en algunos casos) de las leyendas y la magia celta, hablaremos de un extraño conjunto de seres malignos que recorren los cielos de la céltica escocia, y que reciben el nombre de Sluagh. Está compuesto de numerosas almas de personas que en vida fueron malvadas o pecadoras, y formando una nube, intentan captar y secuestrar otras almas. Debido a que vuelan desde el oeste, cuando moría una persona se cerraban las ventanas que daban a dicho punto cardinal para que no secuestraran el alma del fallecido.

Hemos visto en este capítulo que los celtas tuvieron un amplio mundo mítico oculto, en el que se encuentran criaturas de las más diversas formas, y que dieron origen a gran parte de los «seres ocultos» que han pervivido hasta la actualidad en gran parte del folklore de los países europeos.[10]

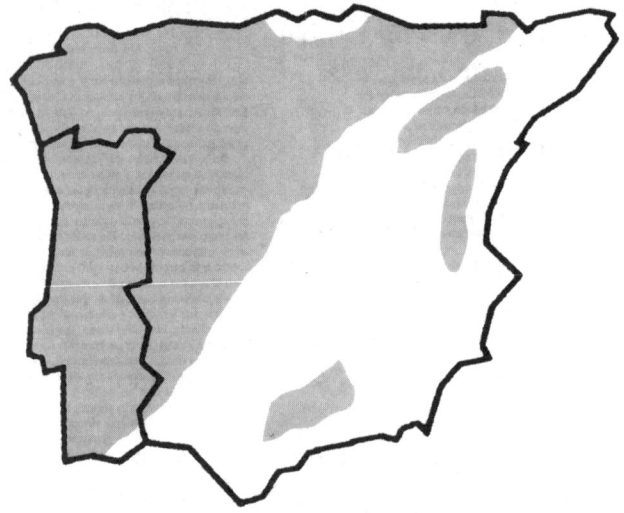

Mapa de principales zonas de asentamiento celta en España.

En los cuentos infantiles, principalmente los irlandeses y británicos, se pueden apreciar estas criaturas que, indudablemente, sacaron el sueño a más de un niño celta al igual que hoy debe suceder con los infantes que los escuchan.

---

10   N.A.: Para profundizar en el tema del vampirismo en las distintas culturas antiguas, recomendamos el ya clásico trabajo "V de Vampiro" de la madrileña Editorial Poe Book o el libro "Vampiros, el oscuro mundo de los no-muertos" del autor, publicado en esta misma editorial.

LOS HEREDEROS
DE «PANORAMIX»

Indudablemente, el título de este capítulo puede parecer algo divertido, pues como todos sabemos, «Panoramix» es el sabio e instruido druida de las aventuras de Astérix y Obélix; ese personaje que siempre se encuentra junto al caldero, elaborando secretas fórmulas mágicas que darán más valor y fuerza a sus guerreros o que convertirán en invisible a alguno de sus compañeros.

Indudablemente, los celtas y, más concretamente, sus sacerdotes debieron de conocer cientos de fórmulas que hoy se han perdido o que deben de estar en posesión de unos pocos, aunque estamos convencidos de que se encontrarán muy manipuladas y que poco quedará del saber antiguo de los druidas.

Sabemos que los celtas entonaban cánticos y oraciones antes de empezar sus rituales, y algunos han llegado a nosotros por transmisión oral, así, conocemos la llamada a Rhiannon:

Corre, ven rauda,
hermosa Rhiannon, cuyo corcel
desafía el poder de las culpas.

Tras lo cual encendían (y todavía lo hacen en Gran Bretaña) una vela de color amarillo.

También conocemos, gracias a las investigaciones de Murry Hope, que las recogió en diferentes localidades y grupos esotéricos de las islas británicas, la oración que servía para bendecir un lugar concreto, y en la que se pedía la protección de Gwydion:

Acude a nosotros cuando quieras
Gwydion, hermoso bardo,
ataviado como corresponde a tu persona
para que este lugar (también puede decirse el nombre
del lugar)
quede bendecido para siempre.

Dicho esto, se encienden algunas velas que difieren en color según la ceremonia.

Tras esta invocación, se dan tres vueltas al lugar, se bendice tres veces con las danzas propicias y, finalmente, se purifica tres veces más con el sagrado fuego.

Hemos puesto estos ejemplos para que el lector se haga una pequeña idea de algunas de las técnicas que utilizaban los antiguos celtas en sus ceremonias mágicas, aunque estamos convencidos de que, dadas sus variedades y sus diferenciaciones, estos rituales diferirían mucho entre las diferentes tribus que componían las culturas celtas, aparte de las variaciones que dichas celebraciones irían sufriendo con el paso de los siglos.

La magia celta estaba rodeada de una gran parafernalia que ha sido descrita, en parte, en otro capítulo de este libro; así, el fuego, el agua, los antiguos monumentos y, sobre todo, las plantas, tenían una importancia vital en estos ritos célticos.

Antiguos megalitos perdidos entre los bosques, y que se remontaban a tiempos prehistóricos, fueron aprovechados por los celtas para celebrar algunas de sus reuniones, lo que llevó a creer a algunos investigadores del siglo XIX, que fueron los celtas sus constructores.

Durante años nos hemos paseado por librerías esotéricas de diferentes países y, en la actualidad, por las españolas que están sufriendo un verdadero «Boom» de popularidad, debido, sin duda, al auge que el esoterismo está adquiriendo en nuestro país, y hemos podido observar productos que se supone que pertenecen a la parafernalia de la magia céltica. Algunos son simples porquerías elaboradas para engañar a los incautos y venderles cualquier cosa a un precio desorbitado con la excusa de haber sido «preparado por un neo druida», este sería el caso del aceite de lagarto (con los restos del animal dentro del recipiente) o las velas de «sebo humano» que, sin miedo a equivocarnos, podemos decir que nada tienen de celta y menos de humano, pero entre estos productos de «ocasión» (lógicamente para quien los vende) se han puesto a la venta, en los últimos años, algunos productos que, de ser «verdaderos», sí pueden estar relacionados con los que utilizaron los druidas y sus discípulos, así, se venden, en algunas tiendas especializadas, botellitas que contienen agua de megalito, y podemos confirmar que en muchas ocasiones esta agua ha permanecido durante días o semanas en las famosas «ollas» o «cuencas» que se encuentran en la superficie de muchos megalitos, y que en ocasiones pueden recoger incluso cincuenta litros de líquido, como en el caso de la roca de los sacrificios de Capmany (Girona) o las extrañas y misteriosas piedras del bosque mágico de Savassona. En otras ocasiones son mezclas de hierbas que se asegura que tienen propiedades mágicas, como es el caso de la XX «naluisa» o la «natrini» que están compuestas por diferentes plantas en polvo y que, supuestamente, han sido recogidas en zonas célticas como el Alto Urgel (Lérida). Sin duda, el más popular de todos estos productos es el que se conoce como «aceite de mandrágora» y que contiene en su interior, además de un ligero aceite, unas raíces de tallo vistoso y que se emplea (posiblemente al igual que hace milenios) para la unión de velas y la purificación de objetos de ritual (dagas, candelabros, hojas curvas de oro para cortar el muérdago, etc).

No vamos a pronunciarnos sobre los poderes y virtudes de estos productos, pero dejamos constancia de su existencia y de su proliferación frente a los productos mágicos sudamericanos que parecen haber dejado paso a la «fiebre» o afición por lo céltico, que, lógicamente, puede encajar mejor en la mente profunda de los europeos.

El conocimiento de las propiedades de las plantas fue una característica de los sabios celtas.

Los druidas aprendieron a obtener de los vegetales y, sobre todo, de los árboles, algunos de los productos que después utilizarían para sus pócimas, y que, curiosamente, en muchos casos han sido reconocidos en la actualidad como efectivos por farmacéuticos y botánicos, así, con las cortezas de algunos árboles obtenían resultados sorprendentes en ocasiones, aunque solo psicológicos en otras. A continuación, daremos una pequeña relación de árboles utilizados por estas gentes, y sus supuestas o reales propiedades:

Abetos y pinos: sus efectos sobre las enfermedades bronquiales son conocidos de todos, sus cortezas eran utilizadas por los druidas en sus fórmulas.

Alerce: incrementa las fuerzas físicas y da una sensación de bienestar.

Haya: suponían los celtas que, de tal árbol, se puede conseguir el valor de la tolerancia. De algunas de sus partes se obtenía un aceite que se filtraba en un lienzo blanco y que, según se cree, puede ser muy energético.

Roble: árbol sagrado de los celtas, además de dar fuerza, aclaraba la inteligencia y ayudaba a encontrar solución a los problemas y a cargarnos de energías positivas. Sobre las propiedades de estos árboles y la manera de tomar las energías que de ellos se desprenden, recomendamos al lector las investigaciones del italiano F. Primogallo.[11]

Olmo: ayuda a evitar las preocupaciones y protege el sistema digestivo.

Castaño blanco: aleja los malos pensamientos que podamos tener.

Almez: este árbol recibe el nombre científico de «celtis» y fue, sin duda, utilizado por los druidas para sus pócimas y venenos, pues de sus frutos, cuando están verdes, puede obtenerse un producto muy tóxico, y no olvidemos que los sacerdotes celtas conocían a la perfección la fabricación de venenos y tóxicos.

Castaño rojo: creían los celtas que dicho árbol daba valor y alejaba los temores del hombre.

Ulano: Este curioso vegetal es muy ambivalente, pues mientras sus hojas han sido utilizadas por millones de personas para curar afecciones respiratorias, sabemos que es un verdadero «vampiro botánico», parecido al populat eucalipto, que absorbe las energías de las plantas que hay alrededor y, se-

---

11   En el número diez de la revista esotérica Ritos se publicó una entrevista (la primera en castellano) a Ferdinando Primogallo en la que contaba algunos de los resultados que sobre energías naturales había conseguido en sus dilatadas investigaciones. La entrevista fue realizada por el autor.

gún algunos ocultistas, puede absorber las energías de las personas y animales.

Esta lista podría continuar llenando docenas de páginas, pero solo hemos mencionado algunos de los más conocidos árboles que los celtas utilizaban para sus recetas, pócimas o ceremonias mágicas.

Indudablemente, en estas pocas líneas poco hemos podido explicar (porque, además, es generalmente desconocido) de los secretos formularios de los celtas, pero sí que esperamos haber dejado claro que existe, en la actualidad, un renacimiento de la magia celta que ha conllevado al consumismo de productos esotéricos, más o menos ligados con la magia celta, y que se venden en lugares, sean tiendas o librerías, especializadas de Gran Bretaña, Francia, Irlanda y, en estos últimos años, en España.

Como hemos dicho en páginas anteriores, y creemos importante repetir, no vamos a juzgar las propiedades ni los orígenes más o menos reales de esta parafernalia, pero existe y, por lo tanto, en un libro que trata de los enigmas del pueblo celta, creemos obligado hacer mención de ello.

El autor conoce personalmente a personas que, interesadas por los secretos de la naturaleza y, principalmente, por los poderes y facultades de los vegetales, se han sacudido de encima el siempre dulce gusto por la ciudad y se han trasladado a lugares recónditos de las montañas, concretamente de los Pirineos (tierra céltica por excelencia) y, siguiendo los pasos de los antiguos sabios celtas, han empezado a elaborar sus propias fórmulas, en las que toman parte ingredientes como la flor seca del lúpulo, excelente para quemar en rituales, o el incienso natural, tan alejado de los exóticos aromas orientales que invaden los mercados en la actualidad.

Indudablemente, estas personas no se consideran druidas, pero siguen en muchos casos los pasos de estos sabios de la antigüedad, que, como nuestro simpático «Panoramix» que da nombre al capítulo, buscan en sus fórmulas y conjuros conocer los secretos de la madre naturaleza.

Petroglifos
¿Mensajes druídicos?

Como en todo lo referente a los celtas, en lo que hace referencia a los extraños grabados que encontramos en algunas rocas, se ha especulado de forma exagerada y se han bautizado como celtas muchos grabados e inscripciones que eran anteriores o posteriores a dicho pueblo.

Sin duda, la más conocida de estas inscripciones y que se achaca a dicha cultura es la espiral.

Este símbolo es universal y lo podemos encontrar en la mayoría de antiguas culturas, así, la vemos en antiguos grabados de la milenaria India, y que aún hoy se pueden observar en la decoración de muchos tejido de dicho país, y, de manera invertida, la encontramos entre los signos sagrados de los controvertidos indios «hospi» de Norte América, aunque entre estos últimos es casi desconocida su finalidad (al contrario de los habitantes de la India, que la utilizaban para meditar).

Los antiguos pueblos mediterráneos tuvieron una gran tendencia a sacralizar el laberinto como símbolo hermético; recordemos el laberinto iniciático de Cnosos (pues, sin duda, tuvo una finalidad iniciática).

En la Edad Media, algunos arquitectos iniciados crearon verdaderos laberintos o espirales sagradas utilizando las catedrales góticas, si hemos de creer al investigador francés Louis Charpentier; y no nos referimos a los numerosos laberintos que se crearon en algunas catedrales, si no a grandes espirales que solo pueden observarse estudiando los mapas, así, según el investigador galo antes citado, la situación de los grandes monumentos sagrados de Chartres, Amiens, Reims, Bayeux, Laón, etc., formaban, sobre el mapa de Francia, un gran laberinto o espiral que posiblemente actuaría sobre las fuerzas telúricas de dicho país.

Nosotros no vamos hacer conjeturas tan aventuradas y que son muy difíciles de comprobar, pero sí podemos asegurar que la espiral se encuentra en gran parte de los lugares mágicos de este mundo, y que, en la mayoría de los casos, se pueden hallar cerca del mar, así, podemos observar numerosas espirales en un lugar tan alejado de la cultura celta como son las paradisíacas islas Canarias. En dichas ínsulas y, principalmente en la isla de la Palma, en un lugar conocido como la Fuente de la Zarza, se pueden observar docenas, por no decir centenares, de espirales de todos los tamaños y formas que nos recuerdan extraordinariamente a los mismos símbolos que encontramos en diversos lugares de Europa.

En las líneas anteriores dejamos bien claro que no creemos en absoluto que la espiral, como han asegurado algunos «iluminados», sea de origen celta, pero sí queremos dejar constancia de que, en muchas de las zonas donde se ubicaron los celtas, se encuentran espirales que pudieron ser adoradas como símbolo mágico y universal por estos.

Quizá la más popular de las espirales que se conocen en España, y decimos que se conocen pues estamos convencidos de la existencia de otras muchas que deben estar cubiertas por la tierra o enterradas junto a antiguas piedras, la encontramos en Galicia, y, concretamente, en una zona céltica de primer orden: la piedra de Mogor, cerca de Pontevedra. Esta espiral es muy parecida a la que se encuentra en el museo de Dublín, o a la encontrada en la también zona céltica de Tintagel. Todo esto nos puede llevar al convencimiento de que la espiral no es de origen celta, aunque fue adoptada como símbolo sagrado e iniciático por ellos.

Ya puestos en el tema de los extraños símbolos que encontramos en muchas rocas y megalitos, podemos asegurar que la mayoría de ellos, y que repetimos, algunos investigadores, tanto antiguos como modernos quieren relacionar con los celtas, son muy anteriores a dicho pueblo. Hace algún tiempo cayó en mis manos una obra sobre megalitismo ibérico, que, escrita hace casi cien años, daba como constructores de los megalitos y, por lo tanto, de las misteriosas inscripciones que existen en la superficie de muchos de ellos, a los celtas, teoría que ha sido defendida por algunos investigadores actuales, como, por ejemplo, Gebbu Urdiz, que es un buen especialista en alfabeto rúnico, pero que creemos que está equivocado al relacionar a celtas, germanos y vikingos con los megalitos prehistóricos que se extienden por toda Europa.

Estamos convencidos de que el hombre del neolítico tuvo su propio alfabeto o, por lo menos, un sistema de símbolos que le servían para comunicar o dejar constancia de situaciones, conceptos e ideas, y que hoy podemos observar en gran parte de los monumentos prehistóricos que aún en la actualidad se encuentran en nuestras montañas; pongamos por ejemplo la «pedra dels Sacrificis» (Piedra de los sacrificios) de Campany (Girona) que cuenta en su superficie con once signos cruciformes, cuatro circulares, cuatro rectilíneos, dos serpentiformes, dos antropomorfos y una gran variedad de signos indeterminados, que, curiosamente, fueron declarados como ibéricos por el arqueólogo catalán Vidal y Carreras, aun cuando sabemos que su origen se pierde en la noche del neolítico.

Algunos de estos signos nos recuerdan extraordinariamente a las runas que utilizaban los celtas, pero es que, probablemente, este alfabeto rúnico fue muy anterior a los celtas, y tenga su origen directo en los pueblos hiperbóreos, que sí pudieron ser coetáneos de los megalitos.

Resumiendo, podemos decir que la mayor parte de los símbolos que encontramos en piedras y megalitos pudieron ser aceptados y adoptados por las tribus celtas, pero que su origen es anterior, a veces en varios milenios, y que pueden ser parte de un lenguaje universal que se perdió hace milenios, en el que existía una simbología común para los pueblos más diversos, y lo hemos podido observar en la espiral.

Quizá la costumbre de relacionar los petroglifos de los megalitos con la cultura celta tenga su origen en las erróneas ideas de muchos «sabios» de los siglos XVIII y XIX, que pretendían que dichos monumentos habían sido construidos por dichas tribus. En descarga de estos «sabios equivocados» tenemos que remarcar que los celtas casi siempre se afincaron en zonas megalíticas por razones que desconocemos, pero que pueden estar relacionadas con el conocimiento que los druidas tenían de las fuerzas telúricas y de sus propiedades, que, sin duda, afectan de diversas maneras a los seres humanos, y su relación (para nosotros totalmente acertada) con la ubicación de estos antiquísimos monumentos pétreos.

La espiral, símbolo universal, se encuentra en muchos enclaves célticos.

Los celtas y
el descubrimiento de América

Fue en el año 1992, año del quincentenario aniversario del descubrimiento de América por el misterioso personaje Cristóbal Colón, probablemente miembro de algún «grupo o sociedad oculto» que financió bajo mano el descubrimiento del Nuevo Mundo (descubrimiento, lógicamente, para los europeos, pues los indígenas de América lo habían «descubierto» hacía milenios) cuando se multiplicaron los libros que nos hablaban de dicha gesta (a la que nadie que sea sincero puede sacarle su mérito, que lo tuvo y mucho) y de la América precolombina. Con estos libros, unos a favor y otros en contra de Colón (o Colom según algunos investigadores catalano-baleares) renació de nuevo la polémica de quien llegó por primera vez a dicho continente.

Tenemos seguridad del hallazgo de restos fenicios, chinos (incluidas algunas monedas), romanos (se encontró un área submarina llena de ánforas romanas cerca de las costas del Brasil), inscripciones posiblemente de los antiguos celtas, leyendas que nos hablan de la llegada de pescadores vascos a tierras de Norteamérica, y otras noticias más dudosas, como la de los caballeros templarios (aconsejamos de esta misma editorial el trabajo *El Libro negro de los Templarios*) o de antiquísimos marinos cananeos. Pero también se han encontrado algunas tradiciones que nos hablan de la llegada de los celtas a las costas americanas y por lo que parece no son, al menos para algunos modernos investigadores, tan descabelladas como en un principio podría parecer.

Algunos investigadores (con grandes dosis de especulación) buscan una relación entre las culturas precolombinas y los celtas.

Existe un personaje de raíz totalmente celta que conocemos por san Brendan, que es el arquetipo de simbiosis entre la cultura y tradición celta y las nuevas doctrinas que el cristianismo llevó a las islas británicas.

Sabemos que este personaje fundó un monasterio en la localidad de Ardfert, muy cerca de la colina de «los pechos de Ana» de la que se habla en el capítulo sobre las diosas madres, y que se halla en Kerry.

Parece ser que este personaje, nacido en algún momento desconocido de la primera Alta Edad Media en tierras celtas, bebió de antiguas tradiciones que les hablaban de tierras situadas «más allá» de la costa conocida. Existen unos viejos documentos que nos hablan del encuentro del celta cristianizado Brendan con un viejo monje irlandés que le comentó la existencia de tierra firme «maravillosa» hacia el oeste, muy lejos, al otro lado del océano, y «donde la palabra de Dios era la única ley».

A partir de estos datos, un investigador británico, Tim Severin, explorador, marino y miembro de varias universidades inglesas y norteamericanas, se interesó por el tema de la posible llegada de estos «celtas tardíos» a tierras americanas, y, fruto de su investigación, fue la excelente obra «El viaje de Brendan» publicada en lengua castellana por la editorial Pomaire hace ya bastantes años, y que, desgraciadamente, no tuvo la aceptación que merecía.

Este investigador llegó a la conclusión de que este monje céltico había nacido antes de lo que se creía, aproximadamente en la segunda mitad del siglo V, y había estudiado bajo la batuta de san Enda, otro elemento puro de la fusión del celtismo y el cristianismo, y nació precisamente en Kerry, antes mencionado como lugar importantísimo de culto a la diosa madre de los celtas.

Visitó muchos de los antiguos edificios religiosos de Irlanda, Bretaña y Escocia, y, de aquellos monjes con los que habló y de aquellas gentes que conocía, aprendió con certeza que existía una tierra más allá del océano.

Severin estudió pacientemente la manera de navegar de aquellas gentes y sus aparentemente frágiles embarcaciones, que fueron utilizadas por los celtas insulares durante siglos. Cuando creyó saber lo suficiente, construyó una embarcación idéntica a la descrita por los viejos textos, y el material utilizado fue el cuero.

Los hombres barbudos y rubios de los que hablaron los incas ¿pudieron ser celtas llegados a América en tiempos inmemoriales?

Y se hizo a la mar, y llegó a las Américas, concretamente al norte, en un camino que, siglos después de san Brendan, habían realizado, según sabemos actualmente, los normandos o vikingos en naves mucho más preparadas llamadas «dragones» por su forma.

Estos datos dejaron un tanto atónitos a los estudiosos, pues demostraban que no era en absoluto imposible que los antiguos irlandeses hubieran llegado a América en los primeros años de la Edad Media, y lo que era peor, sus informaciones procedían de gentes muy anteriores que ya habían realizado el viaje en otras ocasiones.

El temor a los monstruos marinos era común entre los primeros navegantes que recorrieron el Atlántico.

Algunos historiadores oficiales se rieron de estas teorías y las achacaron a «iluminaciones» muy parecidas a las del francés Robert Charroux, según el cual, los mayas habían llegado a Europa, concretamente a las tierras hoy consideradas como celtas, e incluso habían construido algunas «pirámides» en tierras bretonas como la de Plouezoc'h en Bretaña la cual, según el investigador galo, mide setenta y siete metros de altura. Estas especulaciones, sin ningún trasfondo real, hacen mucho daño a las investigaciones que algunos estudiosos hacen desmarcándose de los dogmas científicos establecidos por los «patriarcas de la ciencia», pues en estas ridiculeces se amparan para echar todo el mismo puchero.

Y esto pasó con la investigación de Tim Severin, pues algunos científicos aseguraron que, aunque la embarcación era la misma, la mentalidad y los conocimientos eran muy diferentes, y muy posiblemente tuvieran razón; aunque, en los últimos tiempos estos «patriarcas» de la ortodoxia han recibido un verdadero jarro de agua fría al hacerse pública la noticia de que, en una cueva de Cuba, miembros de la Asociación Cubana de Espeleología, descubrieron hace pocas décadas unos petroglifos semejantes a las inscripciones que los celtíberos (resultado de la fusión de celtas e íberos) realizaban en nuestro país hace unos veinticinco siglos.

Según Jorge Díaz Sánchez, antropólogo de dicha asociación, estos grabados tendrían una antigüedad entre los trescientos y los ochocientos años antes de nuestra era, fecha que coincidiría con el apogeo del celtismo ibérico[12][13].

¿Podían algunos grupos muy escogidos de celtas tener conocimientos geográficos muy superiores a los que se les supone? Quizá nuevos descubrimientos históricos y arqueológicos nos lo demuestren y el mundo quede perplejo ante la llegada al continente americano de grupos de origen celta.

De lo que no nos cabe ninguna duda es del conocimiento que los antiguos irlandeses tenían de «tierras lejanas» y de que algunos de ellos, embarcados en sus «curraghs» (verdaderas reliquias de la navegación prehistórica), llegaron hace muchísimos siglos a tierras americanas, aunque, al igual que otros grupos herméticos, guardaron este secreto para transmitirlo solamente a gente muy escogida, al igual que se cree que hicieron los templarios que con sus embarcaciones de la flota amarrada en la francesa población fortificada de la Rochelle llegaban al nuevo continente en busca de riquezas, aunque su secreto lo guardaban celosamente. Sobre este tema hay quien asegura que fueron cripto-templarios quienes informaron a Cristóbal Colón de la existencia de nuevas tierras.

Un nuevo enigma sobre los celtas queda por estudiar y llegar a resolver.

---

12   *El libro de los mundos olvidados* de R. Charroux (Plaza y Janés).

13   Publicado en España por la revista *Año cero* número 25 en su sección Claves.

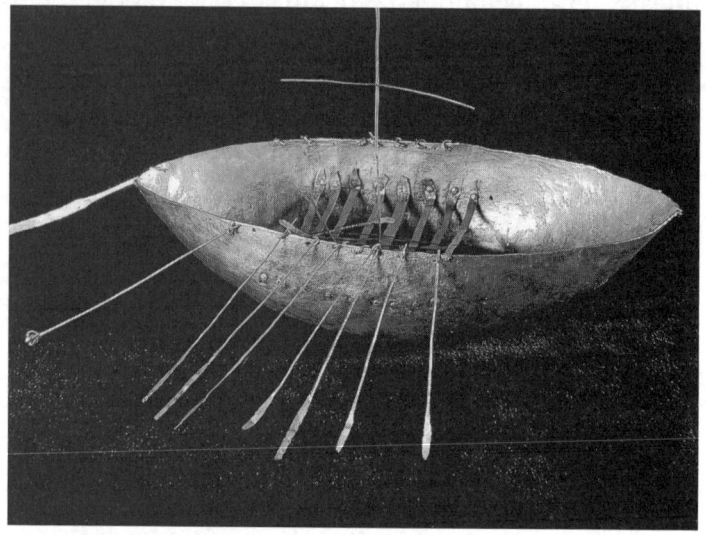

**Con viejos barcos como el de la imagen,
los celtas llegaron al continente americano.**

NOTA DEL AUTOR:

Cuando el libro estaba ya terminado, llegó a mis manos la noticia, al parecer comprobada, de hacía ya un tiempo un violento temporal de aire, y la consiguiente marejada, habían hecho llegar a una playa de Nueva Jersey, los restos de una embarcación de madera, que una vez estudiada por los especialistas, se cree que perteneció a gentes de Irlanda, posiblemente a algún grupo de monjes irlandeses de los que navegaron por el Atlántico en los primeros siglos de nuestra era.

Al parecer la nave estuvo enterrada bajo la arena

durante siglos, hasta que la corriente y el fuerte oleaje la desenterraron y los carcomidos restos de madera llegaron a la playa norteamericana.

Dicho hallazgo confirmaría la llegada de estos monjes-druidas (al fin y al cabo eso fueron durante los primeros siglos) a tierras americanas, y quizá se referían a ellos los antiguos pueblos precolombinos que aseguraron a los conquistadores españoles que, hacía muchísimos años, habían llegado a su tierras hombres rubios, altos y de ojos claros, aunque dentro de este grupo de viajeros que llegaron en la antigüedad a tierras americanas y corresponden a dichas características, tampoco podemos olvidar a los vikingos, los cuales dejaron numerosos resto arqueológicos, principalmente en la parte más septentrional del continente.

LAS COSTUMBRES CELTAS EN LAS FIESTAS ESPAÑOLAS

"En las fiestas españolas encontramos las raíces de nuestra manera de ser y sentir. Las fiestas son algo más que simples celebraciones y jolgorios. Son, en muchas ocasiones, verdaderos archivos akásicos de lo que nuestros antepasados fueron y nos dejaron"
BARTOLOMÉ GÓMEZ-VERA y MARTÍNEZ DEL PUERTO.
Viajero y filósofo.

LAS FIESTAS ESPAÑOLAS, UNA ENCICLOPEDIA DEL SINCRETISMO DE NUESTRO PASADO CASI OLVIDADO

Hace bastantes años, la popular revista especializada *Año cero*, actualmente dirigida por el periodista andaluz Lorenzo Fernández Bueno, me encargó un Dossier sobre «las fiestas mágicas del verano español» (número once de dicha publicación) lo que me obligó, confieso que muy gustosamente, a investigar en los festejos populares que se celebran en nuestra variopinta Piel de Toro. Cuanto más me introducía en nuestras fiestas populares, más cuenta me daba de la profunda raíz céltica de gran número de estos festejos, fiestas e incluso tradiciones existentes aún en la actualidad.

Hacer una relación de todas estas fiestas enraizadas o de origen celta sería una labor inabordable, al menos para mí, pues son miles las fiestas que se celebran en toda la Península, muchas de ellas apenas conocidas fuera de su comarca, y otras están tan ocultas bajo el manto críptico del cristianismo, que cuesta poder identificarlas.

En este capítulo vamos a reducir la investigación a exponer una serie de celebraciones actuales donde se puede observar, de manera clara, esta raíz celta o, en algunos casos, protocéltica, que confiere a estos festejos una magia que no puede pasar inadvertida para quien participa en ellas.

Entre todas las festividades merece, por su importancia y extensión, el estudio de los diferentes «rituales» que se llevan a cabo en la noche de san Juan en los más diversos lugares de España. Ya dijimos en un principio que la opinión de Jean Markale sobre el «origen» cristiano de dicha fiesta, no podía convencernos en absoluto, y que lo achacamos a errores de traducción en su versión castellana.

Entre los rituales relacionados con el fuego que en dicha fiesta se celebran, hemos de hacer una pequeña división. Así, nos encontramos:

1. Hogueras que hay que saltar, pues tienen la virtud de alejar a los maleficios y purificar los cuerpos.

2. Las carreras con antorchas encendidas que se desarrollan por los bosques y prados, y que, supuestamente, tienen la virtud de purificar el aire de seres maléficos. Hemos de reseñar que, en la actualidad, y debido a la lucha contra los incendios forestales, tan desgraciadamente abundantes, dichos rituales se

han reducido muchísimo. En muchos lugares de Europa se siguen celebrando dichas carreras.

3. Las grandes ruedas de sarmiento que, hasta hace pocos años, se hacían rodar por los suelos para, de esta manera, asegurar una buena cosecha.

En algunas zonas de Castilla-León, se hacía correr una rueda de piedra que anteriormente había servido de peana a algún santo considerado por el pueblo como milagrero o con poderes sanadores. Algunos de estos santos, eran cristianizaciones de antiguas deidades de la naturaleza.

Así, hasta hace pocos años, los jóvenes de la salamantina localidad de Pereña, hacían rodar por los terrenos cercanos una reluciente peana de piedra que se supone que pertenecía a la ermita de Nuestra Señora del Castillo.

Las hogueras son las reinas de tan mágica noche, y todo el levante español se enciende con sus luces, y las voces alegres de los niños invaden el aire, al igual que a buen seguro ocurría hace veinticinco siglos entre las tribus célticas.

En san Pedro Manrique la celebración nocturna del solsticio de verano es su día grande. Durante horas los ancianos de la población cuidan las ascuas hasta que llegue la medianoche. En un momento dado, los habitantes de dicha población caminan descalzos sobre una hoguera de dos metros de largo, siete centímetros de ancho y quince de alto.

Algunos cruzan sobre las brasas con una persona sobre sus espaldas.

Al día siguiente, tres muchachas jóvenes, vestidas de blanco, adornadas con un mantón de manila, se dirigen hacia el «mayo» plantado en la plaza mayor del pueblo. Allí ejecutarán un baile circular cargado de simbología mágica. Son las «móndidas» que para muchos que no aceptan su origen medieval, representan, con seguridad, un antiguo baile o danza que realizaban en tal fecha las sacerdotisas celtibéricas.

En Cataluña, en dicha festividad, se come la «coca». Delicioso postre dulce que, en sus principios, tenía que ser de forma circular con un agujero en el centro, como clara reminiscencia de los cultos solares de la antigüedad.

Es posible que algunas de las festividades taurinas que se celebran en tal fecha, tengan un principio céltico o anterior, pero adaptado por los celtas peninsulares.

En muchas poblaciones de Cataluña, las Baleares y el Levante (y en algunas zonas rurales de Huesca) en dicha noche se realiza el ritual curativo de pasar a un niño enfermo por un agujero que antes se ha practicado en un árbol, principalmente una encina, uno de los árboles sagrados de los druidas.

Dichos rituales se siguen practicando en zonas rurales Y, pese a estar cristianizados en cuanto a sus oraciones e invocaciones, conservan perfectamente su raíz céltica.

En dicha noche, la gente sale a recoger hierbas que se consideran mágicas, al igual que hace milenios hacían los sacerdotes celtas. En muchas localidades se elabora, en tal fecha, el «agua de rosas» que rejuvenece a quien la utiliza.

Idealización de un ceremonial de magia arbórea, muy similar a algunos que se celebran aún en la actualidad.

En la provincia de Álava, concretamente en la localidad de Salvatierra, se bendice y adora a un chopo que ha sido embadurnado en grasa. Vemos claramente el culto arbóreo y a otro de los árboles mágicos de nuestros misteriosos celtas.

En algunas zonas de Pontevedra se realiza un baño ritual de «nueve olas» para poder ser fértil y reducir los maleficios.

En la toledana Marjaliza, los vecinos acuden a observar la salida del sol, tras lo cual van a una fuente «mágica» y sagrada para lavarse y purificarse. No olvidemos que algunas fuentes tenían una importancia mayúscula en la región celta. Hace pocos años pude observar el día siguiente de san Juan, el «embellecimiento» que algunas anónimas personas habían dedicado a la fuente de san Pere de Roda, la cual se hallaba rodeada de flores recién cortadas y de ramos silvestres. No solamente en san Juan, si no en diversas fechas, se «embellecen» algunas fuentes con fama de milagrosas y «santas» al igual que lo realizaban los antiguos adoradores de las fuentes célticas.

A muchas de estas fuentes se acude en romería, como en el caso de las localidades navarras de Olazagutia y Ciordia. No olvidemos que los celtas, al acudir a sus lugares de culto y a sus reuniones anuales o periódicas, formaban verdaderas romerías[14], muy

14   Según algunos investigadores, la palabra «romería» tiene su origen en «Roma» y su peregrinación que atrae a católicos de todo el mundo hacia la ciudad eterna para poder ver o rezar junto al Papa. Lógicamente las romerías se llamaran como se llamaran eran muy anteriores al cristianismo, y se desarrollaron desde la más remota antigüedad, teniendo en los celtas uno de los pueblos que más las practicaban. No es por casualidad que la principal romería o peregrinación de toda Europa (El Camino

similares a las que se celebran en la actualidad, y en las que, además de las tareas religiosas, también se bebía, comía y reía. Algunas romerías actuales se diferencian de las célticas por la indumentaria de los asistentes y poco más.

Lógicamente, donde las romerías conservan, en general, su raíz celta con más fuerza es en Galicia, que se convierte, según algunos autores, en «una romería continua».

Una de las más interesante es, sin duda, la de san Andrés de Teixido, cerca del Ferrol. Entre bosques espesos se levanta el santuario que se considera lugar mágico y cuyos alrededores muy posiblemente fueron punto de reunión de druidas.

Dejando la mágica noche de san Juan «la más mágica de todas», en muchas localidades españolas se celebran rituales relacionados con el culto a los árboles, factor importantísimo entre los celtas y su religión. Una de las celebraciones más conocidas sobre el culto a los árboles es, sin duda, la que se co-

---

de las Estrellas o de Santiago) se desarrolló en lugares por donde habían existido importantes asentamientos celtas, y lugares por donde habían existido importantes asentamientos celtas, y probablemente el Finisterre fue lugar de peregrinación de muchas tribus celtas, y otros pueblos anteriores. Toda la cornisa norte española, desde la comarca de la Cerdaña en Cataluña (lugar de importantes asentamientos celtas) hasta los límites del Finisterre, fueron lugar de importantes peregrinaciones, muchas de ellas hacia ese «Final de la Tierra» que tanto impresionó no tan solo a los celtas que practicaban sus rituales junto a la mar eterna, sino incluso a los soberbios legados romanos que invadieron Galicia en la antigüedad.

noce como «El árbol de Mayo» y que se celebra en muchas localidades de nuestro país, siendo, quizá, el acto que todos los años se lleva a cabo en la catalana localidad de Centellas el más conocido.

Estas celebraciones ya fueron adoptadas por los romanos al observarlas entre las tribus célticas. Los romanos las denominaron «Maies».

Según la tradición, después de haber plantado el árbol (en algunas localidades se hace que dance) se realiza un baile circular, similar al que realizaban en la antigüedad.

Antiguos cultos arbóreos han llegado hasta nosotros, llenos de sincretismo (fiesta del pino en Centelles-Barcelona).

Los celtas celebraban dichos rituales en sus «nemats» o «nemetum» donde se reunían todos ellos, hombres y mujeres, ancianos y niños, alrededor de estos árboles mágicos para danzar (siempre en círculo) y, además, para parlamentar o, incluso, para meditar, y, curiosamente, en algunas ocasiones parece ser que lo hacían en posiciones muy parecidas a las empleadas en las técnicas del Yoga, y así nos lo demuestra la estatuilla encontrada en Roquepertuse, que data aproximadamente del siglo III antes de nuestra era, y que por su forma nos recuerda inmediatamente a una figurilla de Buda.

Algunos de estos árboles se han hecho populares y han llegado incluso hasta nosotros, como es el caso de la encina (árbol sagrado de los druidas, no lo olvidemos) de Palau de Plegamans (Barcelona).

El árbol fue siempre considerado como elemento de unión de las fuerzas cósmicas (del cielo) con las fuerzas telúricas (del planeta). Así, sus ramas recogen lo de «arriba» y sus raíces lo de «abajo».

En algunas zonas rurales se continúa practicando, en fechas concretas (principalmente en santa Bárbara), la litomancia, forma de adivinación que los celtas practicaron corrientemente.

Esta forma de adivinación consiste en buscar respuesta a las preguntas por medio de las piedras. Puede tener un origen parecido al de los oráculos rúnicos, actualmente muy de moda entre los adivinadores, y fáciles de encontrar en tiendas de artículos ocultistas o esotéricos.

Ya hemos dicho que dicha tradición acostumbra a celebrarse en el día de santa Bárbara, patrona del trueno; quizá sea esta la razón por la cual en algunas zonas se conoce a las «piedras de rayo» (*pedres del llamp*) con el nombre de «piedras de santa Bárbara».

Totalmente céltica es la costumbre de regalar o comprar, depende del caso, una rama de muérdago, planta sagrada como ya sabemos, de los druidas. Estas ramas, que se venden en los mercados populares de las fiestas navideñas, se cuelgan en las puertas de las casas para que protejan el hogar. En dichas fiestas no es raro ver pequeños grupos de personas que recorren las montañas recogiendo dicha planta, de manera similar, aunque sin el ritual religioso, a como lo efectuaban los druidas, con sus pequeñas hojas cortantes de oro.

La tradición de visitar las necrópolis o cementerios en las fechas que conocemos como «día de Todos los Santos», como ya hemos visto en un capítulo anterior, tiene su origen en una fiesta similar que era de las más importantes en la antigüedad.

Los carnavales, probablemente, tuvieron sus orígenes en el neolítico pero fueron adoptados por los celtas, los cuales los trasmitieron a los latinos y de ellos ha llegado hasta nosotros. Otros aseguran que sus orígenes son mítricos, o, sea, del culto al dios Mitra.

Estos carnavales se dividieron en la antigüedad, según el fin que se pretendía, en: agrícolas, marineros, de caza o ganaderos. En la actualidad, nada de ello se conserva y la gente simplemente se disfraza y hace lo que le apetece, muchas veces escudado en su máscara carnavalesca.

Sabemos, con toda seguridad, que los celtas practicaron ceremonias y celebraciones muy similares al carnaval en la que los asistentes se disfrazaban de animales. El «Ball (Baile) del Llebrot de Bassella» es probablemente uno de estos bailes carnavalescos que se remontan a la época celta y que tenía unas funciones mágico-sagradas, al igual que los numerosos «Bailes del oso» que aún hoy se celebran en algunas localidades del norte peninsular.

Como hemos dicho en el capítulo sobre el celtismo y su aspecto esotérico, la fiesta celta de Imbolc fue adoptada por el cristianismo, y ha llegado hasta nosotros con el nombre cristianizado de la Candelaria. Dicha festividad se vio la Iglesia obligada a sincretizarla, y no olvidemos que, hasta hace pocos años, la Candelera o Candelaria era una de las fiestas principales del catolicismo.

Ya no hablemos de la tendencia de la religión cristiana a poner sus templos en zonas megalíticas al igual que lo hicieron antes los celtas, pero pensemos que aún hoy se celebran actos religiosos (católicos) en viejos lugares que fueron lugar de culto celta.

En muchos lugares se cree que el 1 de mayo es un día mágico en el que puede adivinarse el futuro con solo oír el ruido que hace una piedra al caer dentro de un pozo, o que el ruido de las cristalinas aguas que brotan de algunas fuentes concretas (no olvidemos nunca las fuentes al hablar del culto celta) y que vienen, según se cree, de las entrañas del planeta, pueden darnos mensajes muy concretos.

Como hemos visto en un capítulo anterior, dicha fecha coincide con el día que los celtas denominaban de Beltaine, celebrándose la muerte del invierno y la llegada del verano, en la que los druidas tenían un gran protagonismo, y «se practicaba la adivinación» entre las gentes del pueblo.

Nos hemos limitado a poner estos pocos ejemplos para que podamos comprender la gran importancia que tuvo el celtismo, y que, en zonas como Galicia (tierra celta por excelencia), donde la iglesia, más que en otras zonas españolas, se cebó en la aniquilación del celtismo, y, cuando no pudo, se limitó a cristianizar lo que pudiera servirle; hoy en día todavía puede seguirse la huella céltica en sus celebraciones.

Cataluña[15] es otra zona donde las tradiciones y las celebraciones celtas perduran, aunque cristianizadas, y que, desde hace algunos años, vienen recuperándose muchas de estas antiquísimas fiestas que por motivos políticos o ideológicos estuvieron a punto de perderse hasta hace pocos años[16].

---

15   N.A.: Para quien quiera ampliar el tema de las fiestas mágicas en Cataluña, ver *Costumario de la Catalunya mágica y ancestral* (Ediciones Marré, de Miguel G. Aracil).

16   El mes de agosto es, en Cataluña, un mes de celebraciones esotéricas, y entre ellas podemos destacar la costumbre que pervivió hasta hace algunos años, en una zona que fue celta en la antigüedad como es Sant Mamet de Anes, de comer pequeños panes en forma cónica, que representaban un pecho de mujer, en clara simbología de las diosas de la fecundidad y la fertilidad. Exactamente un mes antes, y en clara reminiscencia céltica, se celebraba hasta hace pocos años (y probablemente se recupere tal fiesta) la festividad de una extrañísima virgen que se conocía con

Es, quizá, el sur de España, el que menos fiestas de origen céltico conserva, quizá por los muchos siglos de dominación árabe que terminaron con abundantes tradiciones que todavía existían en aquellas zonas.

Indudablemente, también los celtas habían «bebido» de religiones y cultos aún más antiguos, y por esa razón es difícil en la actualidad distinguir entre celebraciones célticas y otras que, aunque celebradas por estos, se remontaban a culturas muy anteriores (a veces milenios) como los bailes de disfraces antes mencionados en los que las gentes se vestían de animales, posiblemente «totems» en un principio.

Indudablemente, en nuestras culturas españolas (y lo digo en plural) hay más celtismo del que muchos «estudiosos» ortodoxos, principalmente renombrados y apoltronados académicos, han querido ver, pero menos del que algunos pseudo investigadores fantasiosos aseguran en sus libros y viajes pseudo mágicos.

---

el nombre de «Mare de Déu de l'Aigua» (Madre de Dios de las Aguas), y que sin duda se trataba de la reminiscencia de alguna antiquísima deidad celta de las fuentes y de los cursos fluviales. En tal festividad que fue estudiada por el incomparable investigador Joan Amedes, las mujeres que trabajaban en los fregaderos y las riberas de los ríos, se disfrazaban y organizaban un pequeño carnaval que probablemente tenía su origen en alguna festividad de las mujeres celtas.

Epílogo

Ya estamos llegando al final de este breve viaje por las costumbres, los avatares, la historia y las creencias de estos pueblos que conocemos con el nombre de celtas.

Hemos intentado en todo momento alejarnos de especulaciones «iluminadas» como las de aquellos que hacen descender la cultura céltica de los «extraterrestres» (Kalondan y G. Dana en su libro «Los celtas y los extraterrestres»), pero también de cientifismos sobre «gaseras, fíbulas o fusayolas» que estarían fuera del contexto divulgador que nos habíamos trazado al empezar a escribir este libro.

Nos conformaríamos con saber solamente que, en estas páginas, ha quedado patente «algo» de la importancia que la cultura celta tuvo para toda Europa, incluida la península ibérica (que parece molestar a algunos estudiosos, y no sabemos la razón).

Hemos visto cómo muchas de nuestras tradiciones y fiestas tienen su origen en estas gentes y sus antiguas celebraciones, cómo fueron antecesores de la igualdad de sexos, tema muy poco comentado en los libros sobre dichos pueblos, y cómo fueron, en muchos casos, incluso sanguinarios dentro de su misticismo, aspecto este que tampoco gusta a algunos estudiosos procélticos, que quieren ver en los celtas solamente sus virtudes y no sus defectos, que, como todo pueblo, tuvieron.

En nuestros días está renaciendo de manera espectacular el neoceltismo, según Markale y otros estudiosos. Existen en estos momentos, en pleno siglo XXI, repartidos entre Europa, América y, en algunos casos, en Australia, cerca de un millón de personas que pertenecen a sociedades neodruídicas, más o menos serias. En Francia se edita en pleno siglo XXI una revista seria y especializada en el celtismo, y en Gran Bretaña existen verdaderas «ferias» célticas, se calcula que más de tres centenares, que quieren o intentan asemejarse a las antiguas.

En las cercanías del Coll de Nargó (Alto Urgel), se pueden todavía observar huellas de la cultura celta, como muy bien nos demuestra el escritor Fernando Ledesma en su libro sobre dicha comarca.

Todo esto nos lleva a pensar que el celtismo no ha muerto, si no que está renaciendo de sus cenizas, aunque, como dice muy acertadamente Jean Markale y también, en su momento, dijo el fallecido y polémico escritor español Luis Utset, «el neodruidismo, diferente en muchos aspectos al neoceltismo, es «pura arqueología».

Estamos convencidos de que la profundización de los estudiosos dentro de los enigmas celtas será muy difícil, pues los documentos escritos «de primera mano» son más bien escasos, y las huellas que aparecen de esta cultura son primordialmente arqueológicas, lo que nos habla bien poco de su esoterismo, pese a lo cual ha de quedar bien claro que dicho pueblo vivió siempre rodeado de un halo de misterio, imbuido, hasta en sus más profundas raíces, de un mundo mágico que hizo de los celtas, sin duda, el pueblo mágico por antonomasia de nuestro continente, y que, como «mágico», renace constantemente de sus cenizas para invitar a quien lo desee a profundizar en los misterios de la naturaleza, factor que siempre movió a nuestros celtas.

A pesar de esto, su esoterismo, su «mundo mágico», sus creencias ocultas y relacionadas con magia natural, más bien poco o nada importa a los actuales arqueólogos y, por lo tanto, será difícil que lleguemos a conocerlos.

Pese a todo lo anteriormente dicho, y aunque parezca opuesto, que no lo es, ha de quedar bien claro que los celtas vivieron imbuidos de magia hasta en sus más profundas raíces y pequeños detalles, lo que les convirtió, sin duda, en el pueblo mágico por derecho propio de nuestro continente (junto a los antiguos etruscos), y que, como pueblo o cultura mágico que fueron, renace de sus cenizas para invitar a quien lo desee a profundizar y reencontrar alguno de los enigmas que rodean todavía hoy a esta importantísima cultura, los celtas.

Para terminar, me veo obligado a citar unas palabras que no son mías y que, además, ya fueron dichas al principio de este libro, concretamente en el prólogo que mi buen amigo Juanjo Llamas, director del estupendo y añorado programa radiofónico «Hombres sin fronteras», aceptó hacer. Unas pocas líneas pueden, en ocasiones, ser tan clarificadoras como un libro entero.

Cerremos este libro con palabras de la misma persona que lo empezó: «Los celtas ya no existen, tuvieron su momento histórico, fueron nuestros antepasados, viven en nosotros porque nada se destruye, y las tradiciones, a nivel genético o colectivo, perviven, a nivel consciente o inconsciente».

MIGUEL G. ARACIL.
Tórrido verano del 2023,
en algún lugar perdido donde empiezan
o terminan, según se mire, los Pirineos.

Bibliografía comentada

Hemos intentado recoger una bibliografía relativamente fácil de encontrar en lengua castellana. El lector podrá observar que no hemos puesto en dicha lista, libros de arqueología académicos, pues como ya hemos dicho al principio del libro, está fuera del contexto de esta obra.

Al contrario que en otros libros donde la bibliografía se hace por orden alfabético, en este volumen que tiene usted en sus manos hemos preferido hacerlo de forma totalmente subjetiva, y lo reconocemos, pero que, según nuestro entender, puede ser mejor para el lector, de forma que las obras citadas están por el orden que nosotros creemos más interesante, siendo los primeros títulos fundamentales para el estudio del celtismo, y los últimos solamente complementarios.

Como verá el lector, no existe una gran bibliografía (hablamos de trabajos que consideramos serios) sobre los enigmas y misterios celtas, y es por eso que la relación de títulos no es todo lo amplia que desearíamos o que el lector quizá quisiera encontrar.

Para ayudar un poco más al lector, junto a cada título hemos hecho un pequeño comentario para mejor orientación, aunque repetimos lo que hemos dicho anteriormente en cuanto a la posible subjetividad de dichas referencias.

Los druidas, de Jean Markale (Taurus Humanidades). Un libro imprescindible para todo aquel que quiera profundizar en el tema del celtismo. Jean Markale es, sin duda, una de las máximas personalidades del estudio de los celtas, aunque algunas de sus opiniones pueden no encajar en su línea de estudio general.

Los celtas y sus mitos, de Mariano Fontrodona (Bruguera), un buen libro donde, de forma resumida, se puede seguir la trayectoria y la historia de los celtas de forma amena y sencilla.

Las civilizaciones celtas, (Amigos de la historia) de Olivier Launay, interesante estudio de dicha cultura, abordado de forma totalmente científica, pero sin prejuicios. Es una obra interesante para ser consultada.

Los celtas, de Ediciones Urbión, no consta su autor. Aunque intenta seguir la trayectoria del libro anteriormente citado (Las civilizaciones celtas), se queda en el camino. Recomendable solamente si no tenemos otros mejores.

Las celtas en la península ibérica. Monográfico de «Revista de Arqueología». Puramente científico desde el punto de vista más ortodoxo. Contiene un interesante material fotográfico. Su precio es desmedido para ser una revista monográfica.

Misterios celtas de John Sharkey (Ediciones debate). Su presentación es mucho mejor que su contenido. Sus fotografías son muy interesantes, no así sus textos.

El ascenso de los bárbaros. Historias del Viejo Mundo, volumen número 15. Interesante desde el punto de vista de la historia oficial. Los aspectos esotéricos son totalmente excluidos de dicha obra.

La historia antes de la historia de Jorge Pérez (Ediciones ATE). Dicha obra ganó un premio literario a la investigación. Es una obra interesante, pero demasiado amplia, pues recoge temas tan dispares como la Atlántida o Sumeria y los celtas.

Costumario de la Catalunya mágica y ancestral de Miguel G. Aracil (Ediciones Marré). En este libro se puede estudiar el origen de muchas fiestas supuestamente cristianas, y que tuvieron su origen en tiempos muy antiguos. Se limita al ámbito catalán.

Magia celta práctica de Murry Hope (EDAF) libro interesante para los amantes de los rituales y las magias de los antiguos pueblos. Contiene incluso «trabajos» celtas para hacer en casa.

Runas, el oráculo de las piedras sabias. Mery Meyer. Editorial Bastet

La Barca de Caronte. José María Carrasco. Editorial Bastet.

Guía de la Catalunya mágica y paranormal de Miguel G. Aracil. 3.ª Edición de Grupo Editorial Protusa. En dicha obra se pueden estudiar algunos de los rituales que aún en la actualidad se celebran en Cataluña y Baleares y que son de raíz céltica, como las «curaciones arbóreas» de la «Nit de Sant Joan».

El misterio de las catedrales catalanas. Miguel G. Aracil. Editorial Bastet. Veremos que, algunos símbolos líticos que se pueden observar en ciertos murtos de las catedrales medievales tienen algún tipo de relación con la cultura celta y su hermetismo.

Gran guía de la Cataluña mágica. Miguel G. Aracil. Editorial La Espiral.

Guía mágica del camino de Santiago de Miguel G. Aracil (Ediciones Índigo). Para las personas que quieran ampliar sus estudios sobre el camino jacobeo en la antigüedad, que, como se dice en el capítulo que hace referencia a las fiestas en España, y, concretamente, a las romerías, tuvo una gran importancia. Es uno de los libros imprescindibles para conocer las raíces de la peregrinación jacobea. El autor lo realizó desde Puigcerdà, antigua ruta catalana, hasta Finisterre.

Les celtes et la civilisation celtique de Jean Markale (Ediciones Payot). Hemos añadido esta obra, aunque esté publicada en lengua francesa por dos razones: es una obra importantísima para el estudio del celtismo Indudablemente, esta obra es un precioso complemento para el libro del mismo autor «Los druidas» antes reseñada. Según se nos indicó hace un tiempo, podría ser que viera su publicación en español de la mano de la prestigiosa Editorial Bastet, aunque no hay nada confirmado a día de hoy.

Para las personas que quieran abordar el tema desde un punto de vista totalmente arqueológico y «científico», encontrará una amplia e interesante bibliografía (lingüística, numismática, filológica, obras en diferentes lenguas, economía y sociedad, armamento, etc.) en la formidable obra *Los celtas en la península ibérica* citada anteriormente.

Para todo aquel que quiera visitar los lugares que fueron asentamientos celtas, y donde aún quedan algunos vestigios (poco cuidados por desgracia) de dicha cultura, así como topónimos que hacen referencia al celtismo, le recomendamos las elaboradísimas obras del geógrafo y cartógrafo leonés Fernando Ledesma Rubio, *Guía del alto Urgel*, y *"La Cerdaña, esmeralda mágica de los Pirineos"* (existen dos ediciones, en castellano y en catalán) publicada por el mismo autor, y que nos señala innumerables lugares de origen celta.

ÍNDICE